叶日者◎著

有信心没困难

信心比黄金更重要

（员工励志版）

新世界出版社
NEW WORLD PRESS

图书在版编目（CIP）数据

信心比黄金更重要：员工励志版／叶日者著．—北京：新世界出版社，2011.2（2009.5初版）

ISBN 978-7-5104-0225-8

Ⅰ．信… Ⅱ．叶… Ⅲ．成功心理学—通俗读物 Ⅳ．A848.4-49

中国版本图书馆CIP数据核字（2009）第044111号

信心比黄金更重要：员工励志版

作　　者：叶日者
责任编辑：杨艳丽　许长荣
责任印制：李一鸣　黄厚清
出版发行：新世界出版社
社　　址：北京市西城区百万庄大街24号（100037）
发行部：（010）6899 5968　　（010）6899 8733（传真）
总编室：（010）6899 5424　　（010）6832 6679（传真）
http://www.nwp.cn
http://www.newworld-press.com
版权部：+86 10 6899 6306
版权部电子信箱：frank@nwp.com.cn
印刷：北京中印联印务有限公司
经销：新华书店
开本：710×1000　1/16
字数：165千字　　　**印张**：11.5
版次：2011年2月第2版　2011年2月第2次印刷
书号：ISBN 978-7-5104-0225-8
定价：24.00元

序　一

2008年，由于受到金融危机的影响，中国资本市场面临严峻的考验，尤其是中小企业承受着前所未有的压力，企业自身的信心也严重下降，这一趋势如果还要继续下去，那中国中小企业的生存与发展就非常困难。而2009年既是新中国建国六十周年的盛大时刻，也是金融海啸令企业感到危机的一年。

在关键的一年里，振奋企业的信心显得异常重要。

温家宝总理在去年访问美国时，面对美国金融界知名人士，斩钉截铁地说："在经济困难面前，信心比黄金和货币更重要。"于此同时，温总理深入工厂车间、主持召开座谈会，充分听取企业负责人和职工群众的意见、建议，就民营企业和大型企业发展问题进行深入调研。他强调，坚定信心是应对当前世界经济动荡和金融危机的有力武器。企业要靠信心稳定市场预期，靠信心度过难关。

虽然全球金融危机已经给中小企业造成订单下滑、流动资金紧张等各种压力，但是当前随着拉动国内经济的政策密集出台、国家宏观经济面长期向好，中国企业对前景充满信心。

"在困难面前，信心比黄金和货币更重要。"的确，当前经济形势下，信心是企业最需要的"流动资金"。然而，真正的信心必须建立在科学理性应对金融危机的态度和方法上的，必须是建立在各级政府政策落实上的，必须是建立在企业界顶风劈浪的精神上。

目前的困难对中小企业而言既是挑战也是机遇，为企业调整结构、转型升级提供了新契机。江浙、广东一带的中小企业已经纷纷行动起来，创新机制，提升技术，降低成本苦练内功，化危机为转机。

不怕经济危机，就怕信心危机，只要有信心，一切困难均可克服。本书从温总理一句平实的话出发，小中见大，由浅入深，内容丰富、实用性强，值得广大企业和员工学习和探讨。希望所有的员工都能树立信心、笑对明天；希望所有的企业都能主动出击，用行动赢得机遇。

“天行健，君子将自强不息”！

陈昌智

全国人大副委员长

民建中央主席

序二　信心·条件·能力

国际金融危机的冲击和中国经济周期性调整的重合，使我国各类企业面临前所未有的困难。中小企业和民营企业的困难更多更大。这是中国加入WTO后遇到的首次考验。面对考验，“信心比黄金和货币更重要”。温家宝总理铿锵有力的声音，给企业界人士以极大的鼓舞。民营企业家叶日者先生顺着温总理的思路与行动的轨迹，搜集、整理了国内外大量案例，加以画龙点睛的评点发挥，编写成了本书。初看书名，你以为这是一本板着面孔说教的教科书；仔细翻阅，你就会从一个个引人入胜的小故事中受到启迪和震撼。我相信，只要你认真读下去，无论你是企业家、创业者，还是经营管理者和打工者，都会从中汲取战胜困难、成就事业的精神力量。

世上无难事，只怕有心人。逆境往往是考验、锻炼人的意志的最好机会。但这些都是有条件的。条件就是“有心”，就是你要有起码的上进心、事业心。哀莫大于心死，如果你什么都不想做了，随波逐流混日子，那就一切都别谈了。而这，绝不是中国企业家的精神状态。中国的企业家，特别是民营企业家，是历尽各种磨难才逐步成长起来的。“有条件，上；没有条件，创造条件上”。他们相信无论在什么情况下，“办法总比困难多”。当今中国有657万民营企业和2900多万个体工商户，他们无不经历了创业的艰难险阻。当前面临的种种困难，只不过是在新形势下遇到的新问题而已。

在新形势下，要看到光明，要提高我们的勇气。这方面，温家宝总理在政府报告中给我们作了透彻的分析。他指出："我们完全有信心、有条件、有能力克服困难，战胜挑战。我们的信心和力量，来自中央对形势的科学判断和准确把握；来自已经制定并实施的应对挑战、着眼长远的一系列政策举措；来自工业化、城镇化快速推进中的基础设施建设、产业结构和消费结构升级、环境保护、生态建设和社会事业发展方面的巨大需求；来自充裕的资金、丰富的劳动力资源等要素支撑；来自运行稳健的金融体系、活力增强的各类企业和富于弹性的宏观调控政策；来自改革开放30年建立的物质、科技基础和体制条件；来自集中力量办大事的政治和制度优势、和谐安定的社会环境以及全国上下促进科学发展的积极性；来自中华民族坚忍不拔、发愤图强的伟大精神力量。"这八个"来自"，就是讲的条件，就是讲的力量。国家如此，每个企业，每个创业者，何尝不是如此？！

条件重要，创造条件的能力和力量更重要。国家的力量来自人民群众；企业的力量来自创业者、经营管理者和每个员工。在遇到困难的时候，每个创业者需要很好地审视自己，从审视自身中寻找新的动力。"天生我材必有用"。在市场经济的汪洋大海中，我有哪些优势？有哪些别人所不具备的特长？哪怕仅有一点优势、一点特长，都要把它发挥得淋漓尽致，这就是力量。审视自己，找准坐标，就可以发现新的机遇，产生新的动力。在审视自己的过程中，这本书正好可以助你思考，增加你战胜困难的能力和力量。

保育钧

著名经济学家

中华全国工商业联合会原副主席

目 录

第四章 困难面前敢亮剑，做一名职场勇士

第五章 信心浇灌业绩之花

第六章 坚定信心，每个人都可以使公司有所变化

第七章　将信心化为责任，融入工作的点点滴滴

第八章　变化的是环境，不变的是信心

第九章　自我升级，真正的自信来自实力

第十章　分享信心，分享成功

附：自我暗示成功心法

第一章 困难面前，信心胜于黄金

温家宝总理说：“面对金融危机，我们确实首先需要的就是增强信心。”“狭路相逢勇者胜”，当寒潮以铺天盖地之势席卷而来时，只有敢于迎难而上的人才有机会抓住先机，赢得胜利。

信心可以让我们保持一种随时备战的状态，把每一次挑战都视为一个新的开始、一次新的体验，以困境为机遇，磨砺自我，提升能力。无论外部环境如何变化，我们都要坚定信心，因为信心是我们战胜困难、顺利发展的关键，它比黄金还重要！

面对寒潮，我们要勇敢“冬泳”

2009年新年第一天，中共中央政治局常委、国务院总理温家宝来到山东青岛视察工作，鼓励广大干部群众在新的一年里坚定信心，迎难而上，共渡难关。在拥有海尔、海信等一批知名企业的青岛市，温家宝再三强调当前经济形势下信心的重要性。

温家宝总理说：“面对金融危机，我们确实首先需要的就是增强信心。”“现在需要的是，领导者有信心，企业家有信心，工人有信心，全国人民有信心。方才我在一个厂子里，也就是大家熟悉的海尔，张瑞敏跟我讲，面对寒冬，不要躲避，要学会冬泳，也就是学会抗风险的能力。”

“狭路相逢勇者胜”，当寒潮以铺天盖地之势席卷而来时，只有敢于迎难而上的人才有机会抓住先机，赢得胜利。信心可以让我们保持一种随时备战的状态，把每一次挑战都视为一个新的开始、一次新的体验，以困境为机遇，磨砺自我，提升能力。而当寒潮消退的时候，我们也得到了锻炼与成长，具备了更强的执行力和竞争力，以更加雄健、自信的姿态面对全新的未来。

在金融危机的强大压力面前，广东佛山的昭信集团为我们做出了一个良好的示范，告诉我们只有勇于“冬泳”的人才能度过这个寒冬。

随着全球金融危机浪潮的袭来，作为全球制造业基地，广东佛山也不可避免地卷入了这场海啸之中。昭信集团是佛山一家重要的非公有制企业，专门生产光电产品，属下的光电专业生产部门生产拥有核心技术产权的LED发光管。金融危机初起之

际，不少企业要倒闭的谣言四起，这多多少少影响到了公司的正常运营。

不过，昭和集团的领导们并未被谣言轻易吓倒，“我们要用实际行动来打破这种谣言”。

2008年11月和12月期间，昭信集团党总支分别召开两次党员大会，邀请党建专家、学者为党员开增强责任意识的讲座，与党员剖析探讨应对金融危机的战略定位、集团产业发展策略和企业经营等问题，号召党员坚守工作岗位，并深入员工内部，传达企业发展的目标措施和思路，引导广大员工正确认识企业面临的困难，增强忧患意识和工作责任感、紧迫感，加倍努力工作，与企业同呼吸、共命运，共同应对困难。

这是昭信集团积极响应佛山市委关于发挥企业党组织和党员力量，帮助企业共渡难关的号召，也是企业本身借机发挥优秀员工示范作用的重要举措。为此，昭信集团开展了“党员示范岗”、“党员攻关队”、“技术创新”等活动，让优秀的员工，尤其是优秀的党员发挥“红色酵母”的效用，影响企业的每一个人，从而把信心传播到企业的每一个角落。

为了突破西方国家的技术壁垒，昭信集团决定开发研究三价铬电镀能新工艺项目，因为与传统六价铬原料相比，三价铬电镀减少有害物质90%以上，有效提升了所加工产品的环保含量。在企业的号召与鼓舞之下，整个研究团队充满朝气，富有战斗力，而该项目技术领头人正是青年党员古晓雁。为了加快开发研究这项新技术，古晓雁主动加班加点，对研究数据等方面进行测试评估，甚至带病坚持工作，最后终于抢在年前完成了该项目的研发工作，并顺利地通过了科研成果鉴定，为企业在寒潮里“冬泳”提供了有力支撑。

困难当前，我们强调信心的重要性，并非毫无根据。相反，这是一种建立在事实基础之上的乐观判断与积极响应。国家政策的大力支持，改革开放30年打下的雄厚基础，以及创新、拼搏的企业团队，都是我们战胜金融危机的种种有利条件。因此，不管面对的形势多么严峻，我们都要保持乐观的工作状态，对自己、对未来充满信心。困难终究是一时的，只要能够团结互助、拼搏奋斗，我们一定可以变危机为良机，借此促进企业和员工的自我提升。只有敢于在经济寒潮中“冬泳”的人，才能顺利地度过这个寒冬，迎来经济复苏的春天。

不怕金融危机，就怕信心危机

如果金融危机就像是天空中的阴霾，那么信心就是穿透这层阴霾的阳光。信心可以唤醒一个人内在的积极力量，能够鼓舞斗志，指引人们走向成功的一面。在金融危机面前，你如果丧失了信心，就很难有积极的心态和行动，当然也无法抓住新的机会，谋求新的发展。比起金融危机，更可怕的是人们的信心危机。

日本关西有家赢利状况良好的银行就是因为人们缺乏信心而倒闭的。本来，这家银行运营良好，但是有一天下午，忽然下起了大雨，人们纷纷躲到银行的营业大厅中躲雨，把大厅挤得水泄不通。这时候正好有一名记者开车经过，看到了这一景象。“这么多人？莫非人们在挤兑？”银行里的反常现象触动了这名记者的职业敏感，他马上回去写了篇新闻稿报道此事。尽管该记者只是进行了客观现象的描述，并未对银行本身的运营状况进行分析和预测，但是这引起了人们的恐慌，很多人争相跑到该行提

款，结果真的引发了挤兑风潮。不久，这家银行就“不幸”被言中，真的倒闭了。

所谓“三人成虎”，如果众人都对某件事物丧失了信心，那么真正的危机就会降临。这么说是有一定科学根据的，因为人的思维就像是一个有目标的电脑系统。萦绕在你头脑中的潜意识，有如电脑程序，直接影响运行的结果。如果在潜意识中你认为自己是一个失败的人，你就会不断地在自己内心的“荧屏”上看到一个垂头丧气、难当大任的自我，听到“你没有出息”这一类的负面信息，然后感受到沮丧、自卑、无奈与无能——而你在现实生活中便会“注定”失败。如果在的潜意识中你认为自己是一个成功人士，你会不断地在你内心的“荧屏”上见到一个充满信心、锐意进取的自我，听到“你做得很好，你会做得更好”这一类的鼓励信息，然后感受到喜悦、自尊、安慰与卓越——而你在现实生活中便会“注定”成功。

我们的工作也是如此，当大家都充满信心的时候，所有人都会焕发出十足的干劲，群策群力，同心同德，共同把工作做好、把企业做大做强；而当大家丧失信心的时候，企业就会弥漫着消极、沮丧的气息，慢慢地走向消亡。

方成丝钉厂是中部省份的一个县办集体所有制企业，20世纪70年代，工厂的业务特别红火。虽然那时还是计划经济，各种原材料都要依靠计划指标才能购置，但该厂的产品仍远销全国各地。到20世纪80年代，东南沿海地区开始在计划之外做市场，一些更便宜、质量也更好的钉子开始进军全国，给方成丝钉厂带来了很大冲击。

当时，方成丝钉厂并未完全失去优势。可以说，只要凭借着多年积累下来的资金和经验，方成丝钉厂很快就能完成改革，并利用丰富的客户资源迅速恢复自己在业内的领头羊地位。令人遗憾的是，工厂的负责人对这项改革缺乏信心，而工人也对工厂的未来丧失了希望。

产品滞销，工厂的日子当然越来越不好过，慢慢地开始只能发70%的工资，有时甚至连70%的工资也不能保证按时发放。很多员工对此很是不满，有的开始在下班的时候往工具包里装钉子，然后到集市上低价卖出。时间长了，工厂亏损更加严重，而大家也更对工厂的未来不抱任何希望。结果，由于信心的丧失，方成丝钉厂陷入了生产与管理的恶性循环。

后来，为防止工人下班偷钉子，工厂在大门口安放了大型吸铁石和报警器，搞得人人自危。结果可想而知，工厂不久就彻底垮了。

可见，企业负责人在企业出现危机时引导员工恢复信心是何等重要，而员工是乐观还是悲观，有没有信心，都将对企业的最终发展起到至关重要的作用。员工有了信心，才能看到企业的发展前景，不断激发出自己的热情与潜能，推动企业往好的方向发展。相反，如果员工没有信心，就没有积极的行动，企业的发展就会止步不前。因此，我们在工作中要善于激发人们的信心和乐观态度，使事情向有利的方向发展。

二战期间，美国有一个小镇的征兵工作进展缓慢，因为许多年轻人对伤亡充满了恐惧。不久，征兵站贴出一张海报：参军有两种可能，不上前线或上前线；不上前线不要紧，上前线有两种可能，不负伤或负伤；不负伤不要紧，负伤有两种情况，负轻伤或负重伤；负轻伤不要紧，负重伤有两种结果，痊愈或者伤重不治；痊愈不要紧，伤重不治的结果只有一种，就是死亡。既然已经死亡，还有什么好恐惧的呢？小镇上的年轻人被海报的推理所折服，打消了顾虑，纷纷报名参军。

可以说，战争并没有发生改变，依旧是那么的残酷，但是小镇上人们的理念发生了改变。之前，他们出于对战争未知状况的恐惧，不敢应征作战；如今，他们很清楚地看到了利弊得失，从而找到了建立信心、鼓起勇气的有利因素。当越来越多的人抱着积极的心态投入这场战争，战争便会结束得越快，而伤亡也会相应缩减到最小。从这个角度来说，二者形成了良性循环。

面对金融危机这场“战争”，面对未知市场的全新开拓，有无信心其实有着很大的差别。如果我们对明天抱有信心和希望，不轻易放弃自己，能够有效利用危机的冲击实现企业转型和技术创新，那么我们不仅不会被困难所击倒，还能在危机的寒潮中愈变愈强，最终安然渡过危机。不怕金融危机，就怕信心危机，说的就是这个道理。

挑战和机遇并存，困难和希望同在

在考察海尔集团的时候，温家宝总理总结道，海尔应对金融危机的经验告诉我们一个道理，危机中有机遇，机遇就在于创新。如果我们能够不断创新，就不仅能够应对当前的危机，还能使企业的生产经营因为危机的磨砺而迈上一个新的台阶。

困难是所有人的困难，胜利却是少数强者的胜利，因此，在这场危机面前，我们唯有保持强者心态，充满信心地坚持下去，才能成为最后的赢家。正如《人民日报》2008年11月12日的社论所指出的，“压力同时也是动力”，“我们要利用这种倒逼机制加快转变发展方式、大力调整经济结构，坚持自主创新，不断开拓新的市场”。我们之所以说危机之中有机遇，就在于危机一方面会帮助市场经济淘汰掉水平低、发展慢的企业，减少不良竞争对手，另一方面会使企业的不足之处充分暴露出来，给企业指出一条改革的明路，帮助企业实现自我优化与提升。当然，创新是创造并扩大这个机遇的关键所在。下文宜家应对危机一事堪称这方面的经典案例。

2002年，欧元升值以及中欧经济的滑坡，给宜家的经营造成很大的影响。此外，由于新店对于老店的冲击所造成的“同类相残”，影响比预期的要大。截至2003年8月，宜家当年的销售增长率几乎为零。但是宜家并没有因此被击倒，而是把这当成了一次机遇，一次淘汰竞争对手、实现自我优化的机会。

经过综合分析之后，宜家决定在节约成本、优化管理、技术创新等方面下工夫。

首先，从设计之初就开始考虑节约的问题，能省则省，不轻易放过任何一个可能节约的地方，同时又保证生产工序和产品质量，让产品兼具美观实用和价格低廉的双重优点。为了在设定的低价格内完成高难度的精美设计、选材，并估计出厂家生产成本，宜家专门成立了一个研发团队。团队成员一起密切合作，在确定的成本范围内做到各种性能变量的最优化。他们一起讨论产品设计方案、所用的材料，并选择合适的供应商。

宜家的研发体制非常独特，能够把低成本与高效率结为一体。宜家的设计理念是“同样价格的产品，比谁的设计成本更低”，因而设计师在设计时竞争焦点常常集中在是否少用一个螺丝钉或能否更经济地利用一根铁棍上，这样不仅能有效降低成本，而且往往会产生杰出的创意。在宜家看来，设计是一个关键环节，它直接影响着产品的选材、工艺、储运等环节，对价格的影响很大。可以说，以节约为起点，宜家在造型设计、流程管理等方面都取得了实质性的突破。

此外，为了能够节省每一分钱，将成本降到最低，宜家不

断采用新材料、新技术来提高产品性能并降低价格。宜家与OEM厂商通力合作，而且这种合作从产品开发设计之初便开始了。在产品开发设计的过程中，设计团队与供应商进行密切的合作。在厂家的协助下，宜家能找到更便宜的替代材料，更容易降低成本。所有的产品设计确定之后，设计研发机构将和宜家在全球33个国家设立的40家贸易代表处，共同确定哪些供应商可以在成本最低而又保证质量的情况下，生产这些产品。

而在最后一个环节——流通销售环节，宜家也是竭尽全力、不断优化。宜家在全球拥有近2000家供货商，将各种产品由世界各地运抵宜家全球的各中央仓库，然后从中央仓库运往各个商场进行销售。由于各地不同产品的销量不断变化，宜家也就不断调整其生产订单在全球的分布。为了节省时间，宜家把全球近20家配送中心和一些中央仓库大多集中在海陆空的交通要道。这些商品被运送到全球各地的中央仓库和分销中心，通过科学的计算，决定哪些产品在本地制造销售，哪些出口到海外，而每家宜家商店根据自己的需要向宜家的贸易公司购买这些产品。通过与这些贸易公司的交易，宜家还可以顺利地把所有商店的利润吸收到国外低税收甚至是免税收的国家和地区。

结果，经过一系列的改革，宜家非但没在这场危机冲击的浪潮下倒下，反而在竞争中逐渐取得了优势，顽强地生存了下来。更重要的是，宜家也借机在生产、经营与管理方面实现了自我提升。从这个角度来说，宜家甚至还要感激这场意想不到的危机。

宜家所遭遇的困难也是欧洲同行其他企业都会面对的，但为何宜家取得了最后的胜利呢？因为宜家从不灰心气馁，而是把它看成了一次提升自我的机遇。中国有句老话叫“闻过则喜”，说的是当别人指出我们的不足时，我们要感到高兴，因为这让我们看到了应该加以改进的地方。对于企业来说，挑战和困难残酷无情地冲击着自身的薄弱环节，提醒企业要早做准备。

在谈及金融危机所带来的影响时，福建省外经贸厅厅长杨彪就结合实际情况谈到了中国企业的发展机遇问题。他认为，企业要善于在困境中寻找机遇，化“危”为“机”。例如，世界金融动荡导致以美元为代表的海外资产估值明显降低，为福建省企业跨国并购带来了机会；发达国家企业竞争力减弱，这有利于我们填补和占领更多的新兴国际市场；一些中小企业生产经营困难，给品牌企业兼并重组中小企业带来了良好的发展机会。

问题就是这么简单。只要有信心，企业不但不会在金融危机的打击下倒下，反而可能实现自我提升，变得越来越大、越来越强。是乐观地选择生存、走向强大，还是悲观地等待死亡，这二者的差别可能就在一念之间。

信心，是一架走出泥潭、攀向成功的梯子

信心，是一架走出泥潭、攀向成功的梯子。信心可以唤醒一个人强大的内在力量，像进攻的号角一样，号召人们走出失败的泥潭，迈向成功的终点。

心理学家维克托·弗兰克认为，人有了信心，就会产生意志力量。人与人之间，弱者与强者之间，成功与失败之间最大的差异就在于意志力量的差异。人一旦有了意志的力量，就能战胜自身的各种弱点。一个人有了信心，有了意志的力量，也就具备了敢于挑战自己的素质。

维克多·弗兰克原本是一位受弗洛伊德心理学派影响颇深的决定论心理学家，但在纳粹集中营里经历了一段凄惨的岁月后，他开创出了别具一格的心理学流派。

维克多·弗兰克的父母、妻子、兄弟都死于纳粹魔掌，而他本人则在纳粹集中营里受到严刑拷打。有一天，他赤身独处于囚室之中，突然有了一种全新的感受——也许，正是集中营里的恶劣环境让他猛然警醒："即使是在极端恶劣的环境里，人们也会拥有一种最后的自由，那就是选择自己的态度的自由。"一个人即使是在极端痛苦、极度无助的时候，依然可以自由决定他的人生态度。在最为艰苦的岁月里，维克多·弗兰克选择了自信乐观、积极向上的态度。他没有悲观绝望，反而在脑海中设想，自己获释以后该如何站在讲台上，把这一段痛苦的经历讲给自己的学生听。

凭着这种积极、乐观的思维方式，维克多·弗兰克在狱中不断磨炼自己的意志，让自己的心灵超越了牢笼的禁锢，在自由的天地里驰骋。

维克多·弗兰克在狱中发现的思维准则，正是每一个追求成功的人应具有的人生态度——充满信心。

有信心的人总是积极主动的，而不像悲观失望的人那样消极等待，或等待命运的安排，或等待贵人的相助。有信心的人对自己充满责任感，对明天抱有希望，他认为命运始终操纵在自己手中，自己可以积极主动地推动事情朝着有利的方向发展。他们视每一次挑战为学习的机会、成长的信号，主动地淘汰自己、超越自己，并最终取得成功。

很多人不相信自己能有多大的潜能，觉得自己不过是一个普通人，甚至是有缺陷的人，他们充满了自卑。其实只要抬头望去，他们就会发现，阳光照在他们身上，他们与成功者之间并无太大的差距，他们所缺少的仅仅是一种被鲁迅先生称为“自信力”的东西。

十几年前，他从一个北方小城考进了北京的大学。

上学的第一天，邻桌的女同学问他：“你从哪里来？”而这个问题正是他最忌讳的，因为在他的逻辑里，出生于小城，就意味着小家子气，没见过世面，肯定会被那些来自大城市的同学瞧不起。就因为这个女同学的问话，他一个学期都不敢和同班的女同学说话，以致一个学期结束的时候，很多女同学都不认识他。

很长一段时间，自卑的阴影都占据着他的心灵。最明显的体现就是，每次照相他都要下意识地戴上一个大墨镜，以掩饰自己的内心。

二十年前，她也在北京的一所大学里上学。

大部分日子，她也都在疑心、自卑中度过。她疑心同学们会在暗地里嘲笑她，嫌她肥胖的样子太难看。她不敢穿裙子，不敢上体育课。大学结束的时候，她差点儿毕不了业，不是因为功课太差，而是因为她不敢参加体育长跑考试！老师说：“只要你跑了，不管多慢，都算你及格。”可她就是不跑。她想跟老师解释，她不是在抗拒，而是因为恐慌，恐惧自己肥胖的身体跑起来非常的愚笨，会遭到同学们的嘲笑。可是，她连向老师解释的勇气也没有，茫然不知所措，只是傻傻地跟着老师走。老师回家做饭去了，她也跟着。最后老师烦了，勉强算她及格。

在日后的一个晚会上，她对他说：“要是那时候我们是同学，可能是永远不会说话的两个人。你会认为，人家是北京城里的姑娘，怎么会瞧得起我呢？而我则会想，人家长得那么帅，怎么会瞧得上我呢？”

他，现在是中央电视台著名节目主持人，经常面对全国几亿

电视观众侃侃而谈，他主持节目给人印象最深的特点就是从容自信。他的名字叫白岩松。

她，现在也是中央电视台著名节目主持人，而且是第一个完全依靠才气而丝毫没有凭借外貌走上中央电视台主持人岗位的。她的名字叫张越。

你瞧，事情就是这么奇妙！两个原本相当自卑的人后来却取得了不一般的成就。是什么使得他们实现了质的飞跃呢？是忽然开窍，还是有高人相助？其实都不是，而是他们战胜了自卑心理，学会相信自我、肯定自我。要知道，成功是一位相当严苛的主人，他只欢迎自信的客人，而排斥那些连自己不敢相信的人。信心可以唤起每个人坚持到底的勇气，无论遭遇多少困境，都会满怀希望地向前行进。信心还可以激发每个人的无限潜能，让他们展现出最成熟、最成功的一面，从而赢得另一个舞台。

成功不易，只因成功对人的要求太过苛刻：懒惰的人不行，拖沓的人不行，愚笨的人不行……更重要的是，不自信的人绝对不行。为什么呢？因为这种人早在机遇到来之前就已经放弃了。一个轻易就放弃的人要想取得成功，无异于无米之炊。因此，如果你渴望成功，渴望在危机中救企业于困厄，那你首先要做的就是树立起自信。只有信心，才能让我们恢复勇气与力量，进而找到方法，走向成功。

第二章
信心缔造竞争力，赢定未来靠信心

随着经济全球化进程的日益加快，世界正变得越来越小，竞争也越来越激烈，随着金融危机的全面到来，形势将越来越严峻。

信心是我们赢定未来的重要资本。无论对于个人还是企业来说，信心都是一种宝贵的资源。有了信心，我们才能够冷静地分析问题、积极摆脱困境；有了信心，我们才能开阔眼界，拓展思路，寻找新的发展机遇；有了信心，我们才能激发出自己的无限潜能，不断提升自我，拥有更强的竞争力……信心就是竞争力，赢定未来靠信心！

决胜“红海”，信心就是竞争力

今天，随着经济全球化进程的日益加快，世界变得越来越小，市场竞争也越来越激烈。众多竞争对手挤在一个狭窄的市场空间里，分食一块奶酪，产品的整体利润和单品利润都在不断下降——我们已经不可避免地进入了利润微薄的“红海”。如今，这种趋势将随着金融危机的全面到来而有增无减。无论是传统产业，还是高科技产业，无论是企业管理者，还是普通的打工仔，大家都会有一种强烈的感受：生意越来越难做了！

然而，在生活和事业上碰到挑战或挫折并不可怕，可怕的是一个人失去了继续奋斗的信心和勇气。在这些困境面前，缺乏信心的人往往达不到成功的终点，只有信心坚定的人才能够品尝到成功的喜悦。俗话说，“笑到最后，才是笑得最好”，一个人只有充满信心，不因逆境和挫折而轻易放弃，这样才能赢得最终的胜利。决胜红海，我们靠的就是信心！

日本丰田汽车公司是当今世界汽车工业三大巨头之一，它之所以能够取得这样的成绩，一个很重要的原因就是始终充满信心。

20世纪20年代，丰田喜一郎选择了汽车制造业。他到美国学习以后，回到日本名古屋试制。由于准备不足，丰田喜一郎失败了，但他并未因此丧失信心，而是决定坚持下去。

丰田喜一郎分析了失败的原因。当时日本落后的工业无法制造引擎，为了突破这一难关，他开始自行设计引擎，并制造出来。有了引擎，他开始制造汽车。从1933年到1936年，他造出了日本第一辆卡车和第一辆公共汽车，投放市场以后，因油耗高、噪音大、速度慢，市场反应不佳。

面对又一次的失败，丰田喜一郎没有灰心，决定再试一次。日本对外侵略战争开始以后，军队需要大量军用卡车，这为丰田喜一郎提供了机会，他开始生产军用卡车。

1945年日本无条件投降，战争结束，丰田喜一郎只好停止生产军用卡车，当时日本经济严重衰退，民用汽车很难卖出去，丰田即将破产。面对这一次挫折，丰田喜一郎丧失信心了吗？没有！他相信，只要坚持下去，事情一定会有转机。1950年，朝鲜战争爆发，美国向日本购买卡车，丰田喜一郎迎来了又一次发展机遇。

20世纪60年代，丰田开始试着进入美国市场，但刚一进入，就遭到惨败。皇冠轿车马力不足，根本无法在美国的高速公路上行驶。是否就此止步？是否就此放弃整个计划？丰田决定坚持下去。丰田说，即使公司只在美国登记也好，哪怕只卖出50辆或100辆也行。这一坚持就是7年，丰田公司花了7年时间才推出第一辆在美国销售成功的汽车。

现在，丰田已经走过了80多年的历程。在艰难的岁月中，在任何一次需要坚持的时候，如果丧失信心了，世界汽车工业三大巨头之一的头衔就会与丰田无缘。

阿里巴巴集团的主要创办人、集团主席兼首席执行官马云说过一句经典的话："今天很残酷，明天更残酷，后天会很美好，但绝大多数人都死在明天晚上，见不到后天的太阳。"为什么这些人见不到后天的太阳？原因无他，他们丧失了信心，放弃了努力与坚持。很多时候，市场竞争就是信心的竞争，看谁更有毅力坚持下去，咬牙挺住了，胜利就可能属于你。

如今，面对金融危机的严峻考验，我们也要有坚持到底的信心，勇敢地拼搏下去。一切正如富兰克林所说的："有耐心的人，无往而不利。"只要相信自己、相信明天，发扬坚持到底、绝不言弃的精神，企业就能把握每一次机遇，摆脱困境，迎来经济复苏的春天。

英国思想家塞·约翰逊说："成大事不在于力量的大小，而在于坚持多久。"这句话适用于任何情况下的任何单位或个人。一个人要做成任何事，都需要充满信心，都需要恒心与毅力。有人说成功就像一场长跑比赛，裁判并不会去计算你起跑时如何快，而是计算你从起点到终点花了多少时间。如果你中途退出了，那么你的成绩便是零。在这个竞争渐趋白热化的时代，你如果想要决胜红海，就必须用信心武装自己，因为信心是提升竞争力的最佳方法。扩而广之，无论是在工作中，还是在生活中，我们都要永远充满信心，绝不能轻易放弃，这样才能够取得最终的胜利。

笑对明天，用信心赢得机遇

不同的心态决定不同的出路，甚至是不同的命运。当我们抱着积极心态时，遇到的困难与挫折便会在我们面前低头。因此，如果我们想改变自己的世界，首先就应该改变自己的心态，笑对明天，培养并保持乐观思考的阳光思维，用信心赢得机遇。

很早以前的美洲大陆上，曾经有一群印第安人被白人追赶，逃到了某个地方。此时他们的处境十分危险，逃难过程中食物吃完了，而且无法补充。部落面临生死存亡的考验，酋长决定把所有的族人召集起来谈话。

他说："有些事我必须告知大家，我们的处境看起来很不妙。我这里有一个好消息，也有一个坏消息。”族人中间立刻起了一阵骚动。

酋长说：“首先我要告诉你们坏消息。”所有的人都紧张地站着，神色惶恐地等待着。他说：“除了水牛的饲料以外，我们已经没有任何别的东西可吃了。”

听他这样说，大家立刻乱成一团，发出“可怕啊”、“我们可怎么办”的声音。这时候，有一个勇敢的人发问了：“那么，您说的好消息又是什么呢？”酋长回答：“那就是我们还存有很多的水牛饲料。”

千万不要以为这只是一则笑话，它所反映出来的道理是深刻的。我们完全没必要把困难想得有多么可怕，只要有信心，大家一定可以找到解决的办法。保持阳光的心态，并引导它为你明确的目标服务，你便可以享受下列成果：

1.为你带来成功的意识。

2.拥有健康的心理。

3.能表现自我的工作。

4.内心非常平静和充实。

5.没有恐惧。

6.建立信心。

7.免于陷入困境。

8.能够了解自己和他人的智慧。

9.过一种能在各方面取得平衡的生活。

相反，消极的心态可能导致以下这几种结果：

1.贫穷与凄惨的生活。

2.生理和心理的疾病。

3.使你变得平庸。

4.引起恐惧以及其他破坏性的结果。

5.限制你帮助自己的方法。

6.敌人多，朋友少。

7.产生人类所知的各种烦恼。

8.成为所有负面影响的牺牲品。

9.屈服在他人的意志之下。

10.过着一种毫无意义的颓废生活。

外国有句谚语叫：“别为打翻的牛奶哭泣。”说的就是，遇事不要一味地失望、伤心，而要学会微笑面对，往积极的一面看。要知道，同一件事情可能是坏事，也可能是好事，既可以是困难，也可能是机遇。如果我们能够保持一种阳光心态，学会乐观地思考问题，那事情将会变得完全不一样。因此，面对困境，大家不妨轻松一点，像那位印第安酋长一样，幽困难一默。

原一平是日本著名的推销员，在刚走上推销岗位时，曾饱尝失败之苦。他干的是以业绩拿收入的活儿，没有业绩，一分钱薪水也拿不到。为了省钱，他只好上班不坐电车，中午不吃饭，连住的地方都没有，公园的长凳就是他的床。

然而，他并没有因此而失去信心。每天清晨5点左右，他就从长凳上爬起，迅速梳洗之后，就从这个“家”徒步去上班。一路上，他显得很有精神，有时还吹吹口哨，遇到别人还热情地打打招呼。

一天早晨，他朝公司走去，遇到一个很体面的绅士。可能是每天清晨都碰面的缘故，日子一久，彼此间很自然地打个招呼，道声早安。这天，他们照例打过招呼之后，那绅士叫住原一平聊了起来。

“我看你笑嘻嘻的，全身充满干劲，日子一定过得很痛快！”

“托您的福，还好。”原一平回答说。

“我看你每天起得很早，是个难得的年轻人。我想请你吃早餐，有空吗？”

“谢谢您！我已经用过了。”原一平说。

“哦！那就改天吧。请问你在哪里高就啊？”

“我在明治保险公司当推销员。”

“是吗？既然你没空吃早餐，那我就投你的保险好了！”

听了这句话，原一平一下子愣住了。整整7个月时间，他没有拉到一份保险。那一刹那，他深深地感受到了“喜从天降”这句话的滋味。

原来，这位体面的绅士是附近一家大酒楼的老板，也是三业联合公会的理事长。经他推荐，原一平很快就与三业联合公会的许多公司搭上了线，获得许多客户。于是，否极泰来，经历了最穷困潦倒、落魄到睡公园的生活后，原一平从这一天起彻底“转运”了。

是什么给原一平带来了好运，让他否极泰来？是坚持，是信心，是阳光心态。大家都喜欢跟心态积极、遇事乐观的人共事，因为这些人总是能够找到解决问题的办法。面对工作中的困难和挫败，只有始终保持昂扬的斗志、屡败屡战的人才能笑到最后，赢得机遇之神的垂青。因此，不管是处于顺境，还是面对逆境，我们都要充满信心，学会乐观地看待问题，用信心赢得每一个发展机遇。

信心就是最重要的优势资源

在拿破仑的传记里，记载着这样一个故事：

那是在马林果战役的前夕，拿破仑坐在营帐里，凝视着面前摊开的一张意大利地图。他把四枚钉子按在地图上，一边挪动钉子，一边思考着。过了一会儿，他自言自语地说："现在一切部署好了，我要在这里抓住他！"

"抓住谁？"身旁的一个军官问道。

"墨拉斯，奥地利的老狐狸，他要从热那亚回来，路过都灵，进攻亚历山大。我要渡过波河，在塞尔维亚平原迎着他，就在这儿打败他。"拿破仑的手指向马林果。但是，马林果战役打响后，法军受到敌军强有力的抵抗，只剩招架之力，拿破仑精心筹划的胜利眼看要成为泡影。

在法军即将败退之际，拿破仑手下的将领德撒带着大队骑兵驰过田野，停在拿破仑站着的山坡附近。队伍中有一个小鼓手，他是德撒在巴黎街头收留的流浪儿，在埃及和奥同战役中一直在法军中作战。

当军队站住时，拿破仑朝小鼓手喊道："击退兵鼓。"这个孩子却没有动。

"小流浪汉，击退兵鼓！"

"小流浪汉，击退兵鼓！"

孩子拿着鼓槌向前走了几步，朗声说道："啊，大人，我不知道怎么击退兵鼓，德撒从来没有教过我。但是我会击进军鼓，是的，我可以敲进军鼓，敲得让死人都排起队来。我在金字塔敲过它，在泰泊河敲过它，在罗地桥又敲过它。啊，大人，在这里我也敲进军鼓吗？”

拿破仑无可奈何地转向德撒：“我们吃败仗了，现在可怎么办呢？”

“怎么办？打败他们！要赢得胜利还来得及。来，小鼓手，敲进军鼓，像在泰泊河和罗地桥一样敲吧！”

不一会儿，队伍随着德撒的剑光，跟着小鼓手猛烈的鼓声，向奥地利军队横扫而去，他们不惜流血牺牲，把敌人打得一退再退。德撒在敌人的第一排子弹中就倒下了，但是队伍并没有动摇。当炮火消散时，人们看到那小流浪儿走在队伍最前面，笔直地前进，仍旧敲着激昂的进军鼓。他越过死者和伤员，越过营垒和战壕，他的脚步从容不迫，鼓声激昂有力，他以自己勇敢无畏的精神开辟了胜利的道路。

在强敌或失败面前，许多人像拿破仑一样，想过退却，想着什么时候再卷土重来。但是对手不见得就会轻易地放过你，这一次失败了，可能意味着永远的失败，尤其是在竞争日益激烈的今天，任何一家企业的退出都可能是永远的告别。如果我们能够迎难而上、主动出击，就有赢得胜利的可能。在这种情况下，信心的重要作用便体现出来了。在困难与挑战面前，我们常会感到迷茫，甚至是惶恐，不知道自己的优势在哪里，却忘了，如果没有信心，这一切都将等于零。因此，我们可以毫不夸张地说，信心是一名员工、一家企业最重要的优势资源。在此优势资源的主导下，我们可以冷静地分析问题、积极地寻找方法、努力地奋战到底。以此姿态去迎战市场，势必无往而不胜。

受华尔街金融风暴的影响，全球各产业领域波动较大，资金链条断裂，融资借贷艰难，付款捉襟见肘，市场空间萎缩。但是在万洋冶炼（集团）有限公司，你却看不到任何萧条的景象。相反，这里机器轰鸣，各条生产线满负荷运营，工人们忙碌而有序，各种运输车辆络绎不绝……

原来，面对严峻的形势，万洋冶炼（集团）有限公司早有准备。他们审时度势，积极应对，狠抓内部管理，压缩生产成本，降低生产能耗，在提高自身抗风险能力的同时，以多种销售渠道拓展市场空间，促使企业冲出逆境，步入良性发展轨道。公司董事长卢一明满怀信心地告诉来访者："这次金融风暴对我们的企业而言是一次严峻的考验，也是企业发展、壮大的机遇，锻炼了广大职工，更锻炼了企业的整个管理层。我相信我们的企业在经历这一次金融风暴的洗礼、锻炼、创新以后，基础会更扎实，实力会更雄厚，管理会更超前，应对市场风险的能力会更加增强。"

为此，万洋从创新着眼，大力进行生产管理方面的改革，实现了三大转变：

一是实现了从粗放型到集约型管理的转变。加快技术革新，先后投入200余万元，配备蒸气制冷设备；改进了烟化炉等设备，使得用水、用电量大大下降，节约了10%的焦炭用量；在原料购进方面，在不影响生产的情况下降低原料价位，缓解了原料供应紧张的局面。

二是实现了从卖方市场到买方市场的转变。从坐等顾客到上门服务，努力开辟新的市场，减少库存。

三是实现了从主导产品赢得利润向副产品寻求利润的转变。现在万洋把利润的增长点着重放在锌、银、硫酸及铜等副产品上来。

经过一系列的改革之后，万洋公司的生产环节变得更加科学，速度加快了，成本得到了明显的降低，从而提高了产品的市场竞争力。由于管理、销售渠道畅通，产品卖得比以前更好。万洋公司还引进了100多名员工，充实到各个生产车间与工段，以确保企业正常的生产经营。与此同时，公司投资2000多万元，扩建贵冶金属生产线。

在危机面前，万洋公司不仅保持了原有的辉煌业绩，而且主动寻找突破口，变危机为良机，在生产规模与生产管理方面都有了较大提升，成为危机中的强者。

这个故事告诉我们，不管困难有多大，我们都不应畏缩不前，丧失信心。相反，我们应该把信心当成最重要的优势资源来利用，用积极的心态挑战困难，以胜利者的姿态去迎接一切。唯有如此，我们才有可能克敌制胜，取得成功。

放大优势，控制劣势——信心带来的马太效应

有人说，机会只给有准备的人，但我们也应该牢记，有准备的人也是自信的人。自信可以让你散发出别样的魅力，让人渴望亲近你、了解你。一个有信心的人，远比其他人更容易得到发展的机遇，获得更多的资源和平台。它就像马太效应一样，让成功的人越来越成功，让失败的人越来越失败。因此，我们要善于利用这个规律，放大优势，控制劣势，用信心为自己铺平一条走向成功的“星光大道”。

有个青年去某公司应聘，而该公司并没有刊登过招聘广

告。见总经理疑惑不解，青年用不太娴熟的英语解释说自己是碰巧路过这里，就贸然进来了。总经理感觉很新鲜，破例让他一试。面试的结果出人意料，青年表现糟糕。他对总经理的解释是事先没有准备，总经理以为他不过是找个托词下台阶，就随口应道："等你准备好了再来试吧。"

一周后，青年再次走进该公司，这次他依然没有成功。但比起第一次，他的表现要好得多。而总经理给他的回答仍然同上次一样："等你准备好了再来试。"就这样，这个青年先后5次踏进该公司，最终被公司录用，成为公司的重点培养对象。

或许有人会觉得奇怪：为什么该公司会一而再、再而三地给这个青年机会？其实，你只要站在总经理的角度去想，就不难理解了。跟其他应聘者比起来，这个青年虽然一开始并未准备好，但他从不放弃，而是充满信心，不断努力，珍惜每一次机会。在新的面试过程中，总经理总能看到进步的、全新的他。只有这种人，才能保持与时俱进，才能不断学习，进而推动企业向前发展。因此，当你想要放弃的时候，不妨想想这个青年的故事，想想招聘者的心思，重新鼓起勇气来继续拼搏，扬长避短，抓住改变人生的每一个转折点。

30年前，弗兰克还是一个13岁的少年时，他就要求自己有所作为。那时候，他的人生目标是坐上纽约大都会街区铁路公司总裁的位置。

为了这个目标，他从13岁开始，就与一伙人一起为城市运送冰块。虽然没有上过几天学，但是他依靠自己的努力，不断地利用闲暇时间学习，并想方设法向铁路行业靠拢。18岁那年，经人介绍，他进入了铁路行业，在长岛铁路公司的夜行货车上当一名装卸工。他觉得这对他而言，是一个十分难得的机遇。尽管每天又苦又累，但他都能保持快乐的学习心态，积极地对待自己的每一份工作。他也因此受到赏识，被安排到铁路上，干检查铁轨和路基的工作。尽管每天只能赚1美元，但是，他感觉到自己已经在向铁路公司总裁的职位迈进。

随后，他又被调到铁路扳道工的岗位上。在这里，他依然勤奋工作，加班加点，并利用空闲帮主管做一些书记工作。他觉得只有这样，才可以学到一些更有价值的东西。

后来，弗兰克回忆说："不知道有多少次，我不得不工作到午夜十一二点，才能统计出各种关于火车的赢利与支出、发动机耗量与运转情况、货物与旅客的数量等数据。做了这些工作后，我得到的最大收获就是迅速掌握了铁路各个部门具体运作细节的第一手资料。而这一点，没有几个铁路经理能够真正做到。通过这种途径，我已经对这一行业所有部门的情况了如指掌。"

但是，他的扳道员工作只是与铁路大建设有关联的暂时性工作，工作一结束，他立刻被解雇了。于是，他找到了公司的一位主管，告诉主管，自己希望能继续留在长岛铁路公司做事，只要能留下，做什么样的工作都可以。对方被他的诚挚所感动，调他到另一个部门去清洁那些满是灰尘的车厢。

不久，他通过自己的实干精神，成为通往海姆基迪德的早期邮政列车上的刹车手。无论做什么工作，他始终没有忘记自己的目标和使命，不断地补充自己的铁路知识。很快，大家都知道他是一个雄心勃勃的年轻人。后来，弗兰克成为公司总裁，他依然废寝忘食地工作着，在纽约人来人往、川流不息的街道上，他每天负责指导运送100万乘客，从没有发生过重大交通事故。

弗兰克在一次和朋友谈话时说："在我看来，对一个具有强烈上进心的年轻人来说，没有什么不能改变的，也没有什么不能实现的。一个具有强烈上进心的人无论从事什么样的工作，

接受什么样的任务，他都会积极地、充满热忱地对待它。这样的人在任何地方都会受到欢迎。他在依靠自身的努力向前迈进的时候，也会受到各方面的真诚相助。”

人们愿意帮助那些积极进取的人，而不是消极懈怠者。因为在前者身上，我们看到了永不放弃的执著，看到了自信自立的坚强。他们身上的这种品质能够让任何困难粉碎，能够让一切敌人颤抖。只有这样的人才值得人们给予帮助。对于这样的人，幸运女神会更加青睐他，不断地为他的成功加码。

第三章 用信心充电，吹响进军市场的号角

困难面前，信心就是方法；危机面前，信心就是机遇；市场面前，信心就是订单；无论什么时候，信心始终是带领我们走向成功的力量。

在工作中，有些人喜欢抱怨市场太小，缺乏资源和机遇；有些人喜欢被动等待，在困难和挫折面前偃旗息鼓；有些人喜欢逃避，将一点小困难无限放大……他们永远不会将眼光盯在自己身上，永远都不知道自己才是解决问题的关键。信心可以为我们注入新的活力，让我们变得积极进取、勤于思考。只要信心不失，一切皆有可能。

没有疲软的市场，只有疲软的信心

在工作中，有些人喜欢抱怨市场太小，生意不好做，似乎这么一来，他在工作中的一切过失都有了替罪羊，不需要反省自己。但在自信的人看来，情况则不然。市场从来不是一成不变的，它既可以在缺乏自信的人手中萎缩乃至丧失，也可以在积极进取的状态中得到开发和拓展，关键是你要相信自己，勤于思考，勇于实践。市场就像藏在地底下的矿藏，需要我们用信心的工具挖去表面的土石，才能显露出来，为我们所用。

美国一出版商有一批滞销书，久久不能脱手。有一天，他跟朋友抱怨说这些书根本没人要，他的朋友听完之后笑了，然后告诉他一个解决的办法。

受到朋友启发的出版商马上给总统送去一本滞销书。忙于政务的总统不愿与他多纠缠，便回了一句："这本书不错。"出版商便大做广告："现有总统喜欢的书出售。"于是，这些书被人一抢而空。

不久，这个出版商又有书卖不出去，就如法炮制，又送一本给总统，总统上过一次当，就说："这本书糟透了。"出版商又做广告："现有总统讨厌的书出售。"不少人出于好奇争先抢购。当出版商第三次送书给总统时，总统接受了前两次的教训，便不做任何答复。出版商再次大做广告："现有令总统难以下结论的书，欲购从速。"居然又被一抢而空。

这名出版商起初苦恼不已，满腹牢骚，因为在他看来，这批图书根本没有市场。但是经朋友点拨之后，他恢复了信心，并通过一些取巧的方式成功地把书卖了出去。很显然，这就是有无信心的差别。

金融危机刚开始的时候，国内就有不少人叫苦连天，觉得市场从此委靡不振，企业将进入十分困难的阶段，甚至难以为继。但对于自信的人来说，却是完全相反的情况。他们认为，没有疲软的市场，只有疲软的信心。事实证明，只有那些充满信心的人才是市场的开拓者。在他们的带领下，企业才能脱离寻底竞争的“红海”，进入创新市场的全新领域——“蓝海”。

每一种产品、每一个厂家，都有淡季和旺季。当年海尔兼并青岛洗衣机厂时，碰到的正是人们公认的淡季，但销售人员没有做“无用功”在家里等待。这个时间表面上看起来是淡季，但如果不把它看做淡季，同样也能创造市场，关键看你是否有这个信心。由此，海尔提出了开发适应淡季销售的产品的要求，现在市场上的“小小神童”洗衣机就是在这种情况下研发出来的。

1990年，海尔调查洗衣机市场时发现，夏天洗衣机卖得特别少。为什么夏天人们洗衣服洗得特别勤，洗衣机反而卖不动呢？经过市场调查才发现，当时市场上只有4公斤、5公斤的大洗衣机，消费者夏天的衬衣、袜子换下来天天洗，用大洗衣机洗又费水又费电，干脆用手洗就行了。

很显然，并不是人们夏天不需要洗衣机，而是没有适合洗衬衣和袜子的小洗衣机。根据消费者这个需求，海尔研制开发了“小小神童”洗衣机，洗衣容量为1.5公斤，3个水位，最低水位可以洗两双袜子。这种洗衣机夏天投入市场后很快就供不应求了。

“小小神童”洗衣机于1996年被《中华工商时报》评为

全国“十大成功产品之首”。它长期占据洗衣机单一品种销量第一。从普通洗到无孔脱水、可以加热洗、透明视窗、“手搓式”，再到 “同心洗”、“小小神童”，海尔在洗衣机的功能、性能、外观等方面不断推陈出新，在品种、型号、技术等方面不断丰富发展。正因如此，“小小神童”不仅成为国内外市场的“明星产品”，也成为企业不断创新开拓市场的“典范之作”。“电风扇一转，洗衣机完蛋；电风扇一停，洗衣机准行”，是洗衣机业内对洗衣机市场淡季和旺季阶段性特点进行概括的一句顺口溜，“小小神童”洗衣机使这句顺口溜变得过时。

海尔员工利用创新把夏天洗衣机销售的淡季做到了淡季不淡，他们把夏天人们洗袜子、洗衬衣的问题解决了。这给我们以极大的启发：没有疲软的市场，只有疲软的信心，只要有信心，市场总是会有的。

这期间，还发生了一件让海尔员工引以为豪的事情：有一个日本客户到海尔样品室参观，他在“小小神童”洗衣机周围转来转去。他说，前些年，我们日本就想开发这种洗衣机，因为价格降不下来没有完成，你们海尔改变了某些性能，你们完成了，你们是超前的。他转来转去，恋恋不舍。

20世纪90年代，洗衣机的发展都是向大的方向发展，只有海尔向小的方向发展，以前有1.5公斤的，现在不但有1.5公斤的，还有2公斤、2.5公斤等，都是系列产品了，到现在已经12代了，市场前景非常好。

在大家都觉得没有市场的淡季，海尔却交了一份令人满意的答卷。对于其他企业、其他行业的人来说，工作的道理又何尝不是如此呢？只要充满信心，你总能发现问题的所在，进而找到解决的办法。因此，在此奉劝那些抱怨金融危机导致市场萎缩的人，市场总是存在的，关键是你有没有信心去寻找和开拓。不论什么时候，都是只有疲软的信心，而没有疲软的市场。

市场无限，生机无限：有信心就有订单

世界上没有绝对的逆境，同样，市场也没有绝对的萎缩或饱和，关键在于你是否有信心。自信的人从不轻易否定一个市场，更不会怀疑自己的能力，而是化信心为行动，积极开拓，勇于进取，从而为企业开辟出一片新的发展天地。

美国有一个很大的鞋厂，由于国内市场已经饱和，开辟海外市场就变得非常重要。有一天，鞋厂老板找来营销总管，指示他们派出两批市场调查组到非洲寻找市场。

去后不久，两个市场调查组都打来电话。

甲组说："这里没有穿鞋的，即使生产出鞋来，在这里也卖不出去。赶快给我们寄来返美机票，打道回府！"

而另一调查组乙组的结论却与甲组完全相反。乙组十分兴奋地告诉老板：这里人人没有鞋穿，鞋子市场很大，亟待我们开发。请汇款5万元，我们建议在这里筹建工厂，设计适合当地人穿的鞋。

老板对两个截然相反的调查结论作了比较，深信乙组是对的，于是做出在非洲建厂的决策，结果这个鞋厂在非洲市场发展快速。

由此可见，只要你有信心、肯奋斗，市场终究会开发出来的。很多时候，我们对市场悲观失望，更多的是对自我的放弃。那些满怀信心、吹起进军“集结号”的人，才能占领市场阵地，夺取最后的胜利。

在一家名叫天威的天线公司，总裁来到营销部，让大家针对天线的营销工作各抒己见，畅所欲言。

营销部胖乎乎的赵经理耷拉着脑袋叹息说：“人家的天线三天两头在电视上打广告，我们公司的产品毫无知名度，我看这库存的天线真够呛。”其他人也随声附和。

总裁脸色阴霾，扫视了大伙一圈后，把目光驻留在进公司不久的一位年轻人身上。总裁走到他面前，让他说说对公司营销工作的看法。

年轻人直言不讳地对公司的营销工作存在的弊端提出了个人意见。总裁认真地听着，不时嘱咐秘书把要点记下来。

年轻人告诉总裁，他的家乡有十几家各类天线生产企业，唯有001天线在全国知名度最高、品牌最响，其余的都是几十人或上百人的小规模天线生产企业，但无一例外都有自己的品牌。有两家小公司甚至把大幅广告做到001集团的对面墙壁上，敢与知名品牌竞争。

总裁静静地听着，挥挥手示意年轻人继续讲下去。

年轻人接着说：“我们公司的天线今不如昔，原因很多，但归结起来或许就是我们的销售定位和市场策略不对。”

这时候，营销部经理对年轻人的这些似乎暗示他们工作无能的话表示了不满，并不时向年轻人投来警告的一瞥，最后不无讽刺地说：“你这是书生意气，只会纸上谈兵，尽讲些空道理。现在全国都在普及有线电视，天线的滞销是大环境造成的。你以为你真能把冰箱推销给因纽特人？”

经理的话使营销部所有人的目光都投向年轻人，有的还互相窃窃私语。经理不等年轻人“还击”，便将了他一军：“公司在甘肃那边还有50000库存，你有本事推销出去，我的位置让你坐。”

几天后，年轻人风尘仆仆地赶到了甘肃省兰州市某百货大厦。大厦老总一见面就向他大倒苦水，说他们厂的天线知名度太低，一年多来仅仅卖掉了百来套，还有40000套在各家分店积压着，并建议年轻人去其他商场推销看看。

接下来，年轻人跑遍兰州几个规模较大的商场，有的即使是代销也没有回旋余地，因此几天下来毫无建树。

正当沮丧之际，某报上一则读者来信引起了年轻人的注意，信上说某农场由于地理位置关系，买的彩电都成了聋子的耳朵——摆设。

看到这则消息，年轻人如获至宝，当即带上十来套样品天线，几经周折才打听到那个离兰州有1000公里的金晖农场。信是农场场长写的，他告诉年轻人，这里夏季雷电较多，以前常有彩电被雷电击毁的事件。不少天线生产厂家也派人来查，知道问题都出在天线上，可查来查去没有眉目，使得这里的几百户人家再也不敢安装天线了，所以几年来这儿的黑白电视只能看见哈哈镜般的人影，而彩电更是形同虚设。

年轻人拆了几套被雷击的天线，发现自己公司的天线与它们的一样，也就是说，自己公司的天线若安装上去，也免不了重蹈覆辙。年轻人绞尽脑汁，把在学校里所学的知识在脑海里重温了数遍，加上所携仪器的配合，终于使真相大白，原来天线放大器的集成电路板上少装了一个电感应元件。这种元件对信号放大不起任何作用，厂家在设计时根本就不会考虑雷电多发地区。没有这个元件，天线就成了一个引雷装置，它可直接将雷电引向电

视机，导致线毁机亡。

找到了问题的症结，一切便迎刃而解。不久，年轻人将从商厦拉回的天线放大器上全部加装了感应元件，并将天线先送给场长试用了半个多月。期间曾经雷电交加，但场长的电视机安然无恙。此后，仅这个农场就订了5000套天线。同时，热心的场长还把年轻人的天线推荐给存在同样问题的附近5个农林场，又销出20000套天线。

一石激起千层浪，短短半个月，一些商场的老总主动向年轻人要货，连一些偏远县市的商场采购员也闻风而动，原先库存的50000套天线当即告急。

一个月后，年轻人返回公司。公司如同迎接凯旋的英雄一样，夹道欢迎。营销部经理已经主动辞职，公司正式下令任命年轻人为新的营销部经理。

在工作中，许多人缺乏的并不是能力，而是坚定的信念，以及心中追求成功的希望。不论碰到多大的困难与挑战，我们都要相信自己，告诉自己：我永远是最强大的那一个！只要信心之火不灭，它势必能点燃整条行业链：资金会有的，资源会有的，市场也会有的……我们需要做的就是用信心吹响向市场进军的“集结号”。在号声的鼓舞下，我们一定可以在激烈的市场竞争中取得胜利。

自我激励，提升工作战斗力

说到管理学，日本社会学家横山宁夫提出了一个“横山法则”，即“最有效并持续不断的控制不是强制，而是触发个人内在的自发控制”。

横山法则认为，高效的管理是触发被管理者自发管理。如果一个人的工作积极性被调动起来，不但管理的成本能够得以控制，而且工作效率能够得到大幅度提高，结果也能得到较有效的保证。

微软就是一个深得“横山法则”精髓的典型公司。“做软件，到微软。”这是每一位在微软工作的人经常自豪地讲的一句话。去微软做软件，可以说是每一个做软件的人梦寐以求的事。为什么？因为除了过硬的技术外，微软能为自己的员工提供最大的实现自己创意的空间，能使自我发展和自我价值得到最完美的实现。

横山法则同样适用于员工个人。从个人的角度而言，工作中我们如果能够多一点自觉性，积极进取，自动自发，就能在职场中有所成就。在《致加西亚的信》一书中，作者哈伯德说道：“我欣赏的是那些能够自我管理、自我激励的人，他们不管老板在不在办公室，都一如既往地勤奋工作，他们永远都不可能被解雇，也永远都没有必要为了加工资而罢工。”因此，作为一名充满信心的员工，你不仅要在工作中加倍努力、坚持到底，还要学会自我激励，以此提升自己的战斗力。

哈伯德说：“在青少年时代和大学阶段，我和许多美国年轻人一样，通过给别人修自行车、卖字典、做家教、做出纳等，来获取收入和赚学费。我曾经因为这些工作的简单性而误以为它们是低贱的。但事实上，正是这些工作在无形中给了我不少启示，使我学到了许多宝贵的经验。在商店打工时，我当时自我感觉很好，因为我能把老板布置的任务完成。但有一天，我正在闲聊时，老板过来示意我跟在他后面。只见他一声不吭，先是把那些已订出的货整理好，接着又清空了柜台和购物车。

“这使我感到很惊讶，其他人也觉得无法理解。我的观念因为这件事而被彻底改变了。它让我明白了一个道理：除了做好本职工作，还要再多做一点，即使老板没有这样的要求。这样，

我原来觉得低俗的工作一下子变得有趣起来，我在工作中也更加努力，由此我也学到了更多以前不知道的。后来，我离开了那家商店，但是，从那儿学到的东西却影响了我的一生，它让我从以前的旁观者变成了一个积极主动、勇于负责的人。

“现在，我也成了企业的一名管理者，我的这一习惯一直没有改变——努力去发现需要做的事情，即使那不是我的分内之事。无论哪一行，只要你会这样去做，就能够比别人技高一筹，出类拔萃，从而打开成功的大门。”

成大事者与一事无成者之间有个最大的区别，那就是前者善于自我激励，有种自我推动的力量促使他去工作，并且敢于承担一切责任。成功的要诀就在于担当责任，没有人能够阻碍你获得成功，但也没有人可以真正赋予你成功的原动力。不管你做的是多么普通、枯燥的工作，你都要充满信心，自我激励。

要做到自我激励，坚强的意志是最为关键的。军事学家克劳塞维茨说：“将帅的坚强意志就像城市主要街道汇集点上的方尖碑一样，在军事艺术中占有十分突出的地位。”在工作中，我们只有不断地培养自己的意志力，才有可能克服一切困难，奋战到胜利到来的那一天。因此，无论外部环境对我们的打击多大，我们都要用信心树立一块方尖碑，坚定不移地走下去。

比尔被公司炒了鱿鱼，心情极度抑郁，一天到晚待在家里不出门，吃不香，睡不着。妻子玛丽怎么安慰也不起作用，情况一天比一天糟糕。实在没办法，妻子玛丽逼迫比尔出去找事做。

比尔心情烦躁地出去了，到一家公司去应聘，被拒绝了，拒绝的理由是比尔精神状态极差，思路不清晰。比尔怎么也想不通，自己在原公司可是特别上进的人，思路清晰也是原单位同事对他的共同评价啊。

带着满腹疑惑，比尔沮丧地回了家。百思不得其解的比尔在家里和妻子商量：由妻子扮演公司面试人员，比尔前来面试。结果，玛丽以三条理由拒绝了他，令人惊讶的是，其中两条和白天去面试的公司拒绝他的理由相同。

比尔恍然大悟：虽然自己口头上承认失败的存在，可内心里却没有接受它们，由此使自己的精神状态恶化，思维呈混沌状态。他现在最需要的就是激励自己，提升信心。

玛丽向公司请了一个月假，两人去夏威夷旅游。度假期间，比尔在玛丽的引导下回忆起了自己成长过程中的每一个成功，找回了斗志，并且总结以前的成败得失，明确了自己的优势所在，懂得如何扬长避短。

回到家中，两人又模拟了一次面试，结果，玛丽“接受”了比尔。第二天，比尔又去一家公司应聘，这一回，他成功了！

比尔之所以在一开始的时候遭受失败，就在于他拒绝面对现实，当然自我激励也就无从谈起了。日本企业家松下幸之助说：“跌倒了就要站起来，而且更要往前走。跌倒了站起来只是半个人，站起来后再往前走才是完整的一个人。”比尔最终意识到了这个问题，对症下药，从哪里跌倒，再从哪里爬起来。

在工作中，我们经常会碰到这样的问题，但是，不管碰到多大的困难，我们永远都不能丧失信心，而要学会激励自己。西方有句谚语说：“打开门的往往是最后一把钥匙。”在工作中，我们只要充满信心，就一定可以找到解决问题的办法。

主动出击，信心在行动中诞生

梦想只有转化为现实才是美丽的，信心只有转为行动才是可贵的。在工作中，员工只有在行动中把信心体现出来，才能最终转化为对企业有益的因素，否则一切便成了纸上谈兵。对于企业而言，无论什么时候，空谈都是毫无用处的。

在一位老农的农田中，多年来横亘着一块大石头。这块石头碰断了老农的好几把犁头，还弄坏了他的耕种机。老农一直想找人来把这块石头处理掉，但就是一直找不到合适的时间。

一天，他又有一把犁头被碰坏了。这时候，他想起巨石给他带来的无尽麻烦，终于下决心在今天搬开这块巨石。于是，他找来撬棍伸进巨石底下。他惊讶地发现，石头埋在地里并没有想象的那么深、那么厚，稍一使劲就可以把石头撬起来，再用大锤打碎，很快就清出了地里。老农脑海里闪过多年来被巨石困扰的情景，想到应该更早些把这桩让人头疼的事处理掉时，禁不住一脸的苦笑。

我们的工作是否也横亘着许多这样的“大石头”呢？或以为硕大无比，或日久天长，我们一再延误解决它的最佳时机，结果，它就如癌症一样慢慢扩散，侵蚀着我们的职业“生命”。无论是在生活中，还是在工作中，那些能够马上将信心转化为行动的人，才是做实事的人，才有机会获得更大的提升空间。

1998年4月，海尔集团在全公司范围内掀起了向洗衣机本部住宅设施事业部卫浴分厂厂长魏小娥学习的活动。原来，在1997年8月，为了发展海尔整体卫浴设施的生产，海尔决定派33岁的魏小娥前往日本，学习掌握世界上最先进的整体卫浴生产技术。在学习期间，魏小娥注意到，日本人试模期废品率一般都在30%～60%，设备调试正常后，废品率为2%。

“为什么不把合格率提高到100%？”魏小娥问日本的技术人员。

“100%？你觉得可能吗？”日本人反问道。

从对话中，魏小娥意识到，不是日本人能力不行，而是思想上的桎梏使他们停滞于2%，他们缺乏把事情做完美的自信。作为一个海尔人，魏小娥有信心把标准提高到100%，不仅有这种信心，更要化信心为行动。

她利用每一分每一秒的学习时间，3周后就带着先进的技术知识和赶超日本人的信念回到了海尔。时隔半年，日本模具专家宫川先生来华访问，见到了魏小娥，她此时已是卫浴分厂的厂长。面对一尘不染的生产现场、操作熟练的员工和100%合格的产品，宫川先生惊呆了，反过来向魏小娥请教。

“有几个问题曾使我绞尽脑汁地想办法解决，但最终没有成功。日本卫浴产品的现场过于脏乱，我们一直想做得更好一些，但难度太大了。你们是怎样做到保持现场清洁的？100%的合格率是我们连想都不敢想的，对我们来说，2%的废品率、5%的不良品率已经是合乎标准，你们又是怎样提高产品合格率的呢？”

魏小娥的回答很简单，即不仅要相信自己，还要敢于行动。

如此简单的回答让宫川先生大吃一惊。

在工作中，只有将信心转化为行动，才是对企业有帮助的人。在行动与信心之间，后者可以无限多，但它终究是“0”，唯有在前面加上行动这个“1”，这些“0”才会变得有意义。因此，在日常的工作中，我们不仅要信心百倍，更要勇于行动，让我们的信心变成看得见的东西。

福特汽车的创始人亨利·福特，在制造著名的V－8汽车时，他明确指出要造一个有8个汽缸的引擎，并指示手下的工程师们马上着手设计。但其中一个工程师认为，要在一个引擎中装设8个汽缸是根本不可能的。他对福特说：“天啊，这种设计简直是天方夜谭！以我多年的经验来判断，这是绝对不可能的事。我愿意和您打赌，如果谁能设计出来，我宁愿放弃一年的薪水。”

福特先生笑着答应了他的赌约。福特坚信自己的设想：“尽管现在世界上还没有这种车，但无论如何，只要多搜集一些资讯，并把它们的长处广泛地加以分析和改进，是完全可以设计和生产出来的。”

后来，其他工程师通过对全世界范围的汽车引擎资料的搜集、整理和精心设计，结果不但成功设计出8个汽缸的引擎，而且还正式生产出来了。

那个工程师对福特先生说：“我愿意履行自己的赌约，放弃一年的薪水。”

此时，福特先生严肃地对他说：“不用了，你可以领走你的薪水，但看来你并不适合在福特公司工作了。”

那个工程师在其他方面的表现很不错，但他仅仅凭借自己现有的知识和经验就妄下结论，而不是充满信心地寻找方法。这样的人对于企业来说，永远是越少越好。

如果我们把福特也视为一名员工的话，我们就会在他身上发现许多优秀员工所具备的品质，而信心和行动无疑是最具亮点的两方面。它们就像梦想的两翼一样，相辅相成，带领我们飞跃困难的高山，飞往成功的巅峰。在金融危机的冲击下，我们尤其需要提倡这种实干精神，主动做企业需要的事情，唯有如此，企业方能化险为夷，员工才能赢得职业的另一个春天。

第四章 困难面前敢亮剑，做一名职场勇士

与其抱怨困难，不如静下心来思考解决问题的办法，因为解决问题的关键就在我们自己身上。困难面前，或许有人会说：“我也想改变这一切，但就是没有信心，找不到解决问题的方法。”抱着这种心态，他们在碰到困难时不是想着如何分析得失、寻找方法，而是抱怨连连，甚至怨天尤人，最终害人害己。一个充满自信的人，在困难面前能够勇敢亮剑，而不是一味地找借口推卸责任，让自己也成为问题的一部分。

只要信心不“滑坡”，方法总比困难多

身处职场，每个人都渴望自己能得到老板的赏识，进而获得更多的发展机遇，但很多人认为这是可遇而不可求的事情。事实是否真的如此呢？其实，从老板的角度来想这个问题，我们就会有不一样的启发：老板最希望员工做什么？答案很简单，就是解决问题。因此，员工只有不断提高技能，勇于挑战自我，完成老板交代的事情，才能成为职场的常青树。但是相应的问题也接踵而来：员工能胜任一切职务吗？

有一次，拿破仑·希尔问PMA成功之道训练班上的学员：“你们有多少人觉得我们可以在30年内废除所有的监狱？”

学员们显得很困惑，怀疑自己听错了。一阵沉默过后，拿破仑·希尔又重复：“你们有多少人觉得我们可以在30年内废除所有的监狱？”

确信拿破仑·希尔不是在开玩笑以后，马上有人出来反驳：“你的意思是要把那些杀人犯、抢劫犯以及强奸犯全部释放吗？你知道这会造成什么后果吗？那样我们就别想得到安宁了。不管怎样，一定要有监狱。”

“社会秩序将会被破坏。”

“有的人生来就是坏坯子。”

“如有可能，还需要更多的监狱。”

拿破仑·希尔接着说：“你们说了各种不能废除的理由。现在，我们来试着相信可以废除监狱。假设可以废除，我们该如

何着手。”

大家有点勉强地把它当成实验，沉静了一会儿，才有人犹豫地说：“成立更多的青年活动中心可以减少犯罪事件的发生。”

不久，这群在10分钟以前持反对意见的人，开始热心地参与讨论。

“要消除贫穷，大部分的犯罪都源于低收入。”

“要能辨认、疏导有犯罪倾向的人。”

“借手术方法来治疗某些罪犯。”

最后，大家总共提出了18种构想。

事实证明：当你相信某件事不可能做到时，你的大脑便会为你提供种种做不到的理由，进而使你丧失对工作的激情，懒于行动，即使行动也是毫无激情的、被动式的行动，其结果则可想而知。但是，倘若你真正地相信某一件事确实是可以做到的，你的大脑便会帮你找出解决问题、做得到的各种方法，发掘你内在的激情，将其转化为强大的力量，并在行动中释放出来，最终取得胜利。

因此，员工能否胜任一切职务，关键在于信心的有无。在自信的员工看来，工作中没有不可能完成的任务，他们会像拿破仑一样说道：“我的字典里没有‘不可能’这三个字。”在金融危机的影响下，企业将面临更多的困境与挑战，这时候，那些奋斗不息、不畏惧困难的人便成为企业的主心骨了。

简是一家公司的业务员，因为所学专业与她的工作并不对口，看着同事出色的业绩，她十分沮丧。公司各种各样的琐事让她喘不过气来，她感到对工作和生活都失去了激情，整天愁眉苦脸。

终于，简无法忍受，找到老板要求调换工作。老板非常看重简的聪明才智，也深信简是位出色的业务员，于是，他很慎重地和简谈了一次，并把一个对公司非常重要的项目交给简。那个项目的难度很高，即使老业务员也无法完全做好，但老板给了简。

回到家后，简思考、分析着老板的话，她的大脑在不停地思考着，在学校时的种种考试她都走过来了，难道……她对工作的激情就像一座火山一样爆发了，她浑身充满力量和斗志。

老板交给她的项目虽然在别人眼里几乎是不可能完成的，但简把自己的状态调整到最佳，她感觉自己的潜能被激发出来了，激情万丈，创造力空前高涨，工作效率也大大提高。简看到了另一个自己。几个月后，她相当漂亮地完成了这个“不可能”的任务。

简最初认为自己做不到，丧失了自信心，进而影响到自己工作的激情与潜能。但是随着心态的调整，她的潜能也被激发出来了，她做到了自己原先想都不敢想的事情。

对于老板来说，他也知道任务有轻有重、困难有大有小，员工不可能事事都懂，但是那些充满信心、奋斗不息的人始终是企业最需要的人。在完成任务的过程中，他们所表现出来的勇气，都是企业不断向前的动力所在。相反，那些不敢主动面对新情况或困难的人，虽然没犯什么大错，但是不可能给企业带来更多的效益。他们的结局只有一种：离职走人。

拉尔夫和伍迪都是设计部的设计师。因为交易会的来临，他们都接到了新的任务。这是两个著名企业的展位设计，两个公司都对设计标准提出了比以往更高的要求，老板把两个项目

分别交给了拉尔夫和伍迪。

拉尔夫接手之后，感到这确实是一个很有挑战性的项目，不同以往，又没有往例可以参考。但另一方面，他又从心里感到高兴，因为他的内心对设计充满了激情，他认为，这是一个很好的锻炼机会。为了获取新的灵感，他付出了大量的心血。最后，他从海洋世界的纪录片中获得了灵感，并充满激情地设计出美轮美奂的展位。老板和客户都非常满意。

伍迪看到客户的要求，不由得抱怨起来："怎么可能呢？怎么可能达到这样的要求？简直就是个不可能完成的任务。"对于这个"不可能完成的任务"，伍迪觉得很烦恼，并且失去了对设计工作的激情。他想，反正交给谁做都是一样做不出来。于是，他仍按照以往较低的标准设计了这个展位。客户看到初稿之后，大失所望，并明确表示，他们会考虑换另一家设计公司。这样的结果令伍迪更为沮丧。

这个社会日新月异，没有人知道明天会是什么样子，即使你能够对你的明天有所把握，也不能对你的整个环境有更深入和更全面的了解。其实，在你工作的每一个时刻里，都充满着"不可能完成"的某些任务。正如这场不期而遇的金融危机，就以排山倒海之势席卷了全球，带给我们许多严峻的考验。

这时候，有没有信心的差别就体现出来了：没信心的人认为这场危机是不可克服的，至少是自己挺不过这场危机；而有信心的人则认为这个冬天虽然寒冷，但终究会有办法度过。在不同心态的影响下，他们所表现出来的工作激情和能力肯定也是大不相同的。前者只能成为危机的殉葬品，而后者则会成为受人尊敬的"职场勇士"。

别人抱怨困难，我们解决问题

在困难面前，或许有人会说：我也想改变这一切，但就是找不到解决问题的方法。受此思维影响，他们在碰到困难的第一刻不是想着如何分析得失、寻找方法，而是抱怨困难，甚至怨天尤人。这种状态于事无补不说，还极大地损害了自己的职业形象。

诚然，在工作中会有很多我们意想不到，甚至是无从下手的困难，但我们在抱怨之前不妨先想一想：那些已经有方法的人又是怎么做到这一点的呢？他们是一开始就想到方法的吗？恐怕不见得，关键在于他们充满信心，勤于思考。在有信心的人看来，这个世界上没有绝对不可克服的困难，只要勤于思考，我们一定可以找到解决之道。因此，与其抱怨困难，不如静下心来思考解决问题的办法。

1972年，新加坡旅游局给李光耀打了一份报告，大意是说，我们新加坡不像埃及有金字塔，不像中国有长城，不像日本有富士山，不像夏威夷有十几米高的海浪，我们除了一年四季直射的阳光，什么名胜古迹都没有，要发展旅游事业，实在是巧妇难为无米之炊。

李光耀看过报告，非常生气。据说，他在报告上批了这么一行字：你想让上帝给我们多少东西？阳光，阳光就够了！

后来，新加坡利用那一年四季直射的阳光，种花植草，发展成为世界上著名的“花园城市”，旅游收入连续多年位列亚洲第三。

在新加坡这个弹丸之地发展旅游，有的人觉得这是一项根本不可能完成的任务，但是在李光耀这种充满信心的人看来，“不可能”只是弱者逃避困难的借口。只要肯思考，方法总比困难多。因此，在困难面前，我们永远不要失去信心，而要一如既往地迎难而上，用智慧的头脑与勤劳的双手去解决一切难题。别人抱怨困难，而我们解决问题。对于企业来说，充满信心、勤于思考的员工永远是最有价值的人。一个充满自信、勤于思考的人，不管走到哪里，都会是受老板青睐的人，因为他能真正解决问题。

美国实业家罗宾·维勒的成功秘诀是“永远做一个不向现实妥协的叛逆者”，他使无数个“不可能”变成了“可能”。以前他经营一家小皮鞋厂时，曾用奖励的办法让工人们提供创意设计新款的鞋样。产品上市后，颇受欢迎，他的厂子也多了起来。

没过多久，危机出现了，皮鞋工厂一多起来，做皮鞋的技工便显得供不应求了。其他的工厂都出重资挽留自己的工人，即使罗宾提高工资，也很难把工人从其他工厂拉过来。没有工人，工厂将难以维持，这是最令罗宾头疼的事了。他接了不少订单，如果在规定的期限内交不了货，那么他将赔偿巨额的违约金。

罗宾为此大费脑筋。

他召集18家皮鞋工厂的工人开了一次会议。他坚信，众人协力，定能把问题解决。

罗宾把缺少人手的难题告知大家，并宣布了动脑筋有奖的办法。

会场陷入了寂静，人们都在埋头苦想，有不少人甚至悲观地认为，只能暂时停工，等到工人多起来的时候再开工。

过了片刻，一个不起眼的小伙子举起了右手，在罗宾应允后，他站起来发言："罗宾先生，没有工人，我们可以用机器来造皮鞋。"

罗宾还未表态，底下就有人嘲讽说："小伙子，用什么机器造鞋呀？你能给我们造台这样的机器吗？"

那小伙子听了，红着脸坐回了原位。

这时罗宾却走到他的身旁，然后把他拉到主席台上，朗声向大家宣布：

"诸位，这小伙子说得很对，虽然他还造不出这种机器，但这个想法很重要，很有用处。只要我们沿着这个思路想下去，问题肯定会很快解决的。

"我们永远不能安于现状，不能把思维局限于一定的框架之中，这样我们才能不断创新。现在，我宣布这个小伙子可获得500美元奖金。"

通过4个多月的研究和实验，罗宾的皮鞋工厂中的很大一部分工作被机器取代了。

很多时候，当我们觉得困难实在太大，大得无法解决的时候，原因可能并不在困难本身，而在于我们思考得还不够深入，或者说根本没有解决困难的信心。从某种程度来说，信心的缺乏会导致一个人的思想变得狭隘，想到解决办法了也弃之不用。

但充满信心的人不一样，他们是困难面前的强者，勤于思考，敢想敢做，保持着主动寻找方法、勇于创新实践的好习惯。这样的人永远是企业之福，他们能够帮助企业克服困难，找到出路。因此，我们要时刻提醒自己，不管碰到多大的困难，都不要失去信心，都不要丢掉勤于思考的习惯。套用诗人但丁的话就是，解决我们的问题，让别人抱怨去吧！

蔑视困难，让你一往无前

一个人在工作中，不可能总是一帆风顺、事事遂心的，难免会遭遇困难，甚至是失败。但我们也要看到，这是每个在职场上奋斗的人都无法避免的事情。有的人心理素质较差，意志力薄弱，经不起挫折，在碰到困难之初就对自己失去了信心，认为自己这也不行、那也不行，一天到晚愁眉不展，怨天尤人，根本无法振作精神，即使事情出现转机，也被这拉长的苦脸吓跑了。相比之下，优秀的员工在困难来临时，总是信心满怀，努力寻找方法，寻求新的突破。在事业的道路上，这样的人是不可阻挡、一往无前的。

施罗德出生后的第三天，父亲就战死在罗马尼亚。母亲当清洁工，带着他们姐弟二人，生活十分艰难。由于入不敷出，母亲欠下许多债。一天，债主逼上门来，母亲抱头痛哭。年幼的施罗德拍着母亲的肩膀安慰着："别着急，妈妈，总有一天我会开着奔驰车来接你的！"40年后，施罗德担任了下萨克森州总理，开着奔驰车把母亲接到一家大饭店，为老人家庆祝80岁生日。

1950年，施罗德上学了，因交不起学费，初中毕业他就到一家零售店当了学徒。贫穷带来的屈辱，并没有使他自暴自弃，反而使他立志要改变自己的人生。在自信的施罗德看来，没有什么能够阻挡他前进的脚步，他在努力地寻找机会。1962年，他辞去了店员一职，到一家夜校学习。学习之余，他还到建筑工地当清洁工。这样一来，他不仅有了收入，而且实现了上学的愿望。

1966年，施罗德结束了4年的夜校生活，进入哥廷根大学夜校学习法律，圆了上大学的梦。在学有所成之后，他当了律师。32岁时，他成为汉诺威霍尔特律师事务所的合伙人。回顾自己的经历，施罗德说，每个人都会碰到许多困难，但是永远不要灰心，不要寄希望于父母的帮助，而要通过自己的勤奋努力取得成功，这才有利于一个人的成长。

上大学期间，通过对法律的研究，施罗德对政治产生了兴趣。他积极参加政党的集会，最终选择了社会民主党。此后，他崭露头角，步步提升。1969年，他担任哥廷根法区的主席；1971年得到政界的肯定；1980年当选议员；1990年当选下萨克森州总理，并于1994、1998年两次连任。1998年10月，从不惧怕困难的他走进了德国总理府。

孟子说：生于忧患，死于安乐。一帆风顺是一种工作状态，困难不断也是一种工作状态，但是后者更能磨砺一个人，同时也孕育着更多成功的机会。碰到困难固然是一件令人不愉快的事情，但它恰恰最能反映问题所在。我们应该正视困难，从中发现自己的不足之处，以适合自己的方法迎头赶上。可以说，一个人前进的速度是快是慢，在很大程度上取决于他对待困难的方式。是充满信心，还是灰心丧气，从一开始就决定了你能否最终战胜困难。

杰克加入保险公司快一年了，他始终忘不了工作第一天打的第一个电话。

他热情地拨通电话，联络自己的第一个客户，没想到他刚说明了自己的身份，对方就非常生硬地打断了他的话，不但拒绝

了他的推销，还将他骂了一顿，声称自己身体很好，不需要什么保险。从那以后，再打电话推销时，杰克心中便有了阴影，说话犹犹豫豫，讲解吞吞吐吐，自然也就没有人愿意向他买保险。

这种心理阴影越来越大，他甚至不愿意去摸电话。工作近一年的时间，他连一份保单都没有签成。他开始想，自己或许并不适合这份工作，自己的口才不好，没有打动别人的能力，他灰心极了。

得悉杰克失败的原因之后，经理鼓励他要自己给自己机会，没有谁生来就注定成功，也没有人会一直失败。听了经理的话，杰克深受激励。他鼓足勇气，决定从失败中寻找原因，有针对性地调整自己，放手再搏上一回。

杰克找出一个曾经联系过却被拒绝的客户的资料，仔细研究他的需要，选择了适合他的险种。一切准备妥当后，杰克拨通了对方的电话，用自信和真诚打动了那个客户，对方买下了他推销的保险。杰克终于打破了自我设限，尝到了成功的滋味。

俗话说得好，困难像弹簧，你强它就弱，你弱它就强。蔑视困难，坚定信心，才能更好地寻找解决之道，从而攀上成功之峰。

动物学家发现，狼群的存在使羚羊变得强健，而没有狼群的威胁，羚羊在舒适的环境下变得弱不禁风。这一现象同样适用于人类。遇到困难就一味消沉的人，是肤浅的；一有不顺心的事就惶惶不可终日的人，是脆弱的。一个人不懂得工作的艰辛，就容易傲慢和骄纵。未尝过人生苦难的人，往往难当重任。相反，如果我们能够满怀信心，正视困难，甚至蔑视困难，那么我们就有机会把它变成一件有价值的事情。困难，让我们变得更加理性；困难，让我们变得更加成熟，加快了我们走向成功的脚步。因此，碰到困难的时候，不要怕，勇敢地面对它，它将让你变得更加强大。

问题来了积极思考，用创意突破困境

有信心的员工做事积极，富有开拓和创新精神。他绝不会在还未付出努力的情况下，就事先找好借口，他会想尽一切办法完成公司交给的任务。再困难，他也要创造条件；希望再渺茫，他也能找出许多方法去解决——这一切只因为他相信自己。有信心的人不管被派到哪里，都不会无功而返。问题来了，他就积极地思考，用创意突破困境。

20世纪70代中期，日本的索尼彩电在日本已经很有名气了，但在美国还不被顾客接受，在美国市场的销售相当惨淡。后来，卯木肇担任了索尼国际部部长，上任不久，他被派往芝加哥。当卯木肇风尘仆仆地来到芝加哥时，令他吃惊不已的是，索尼彩电竟然在当地的寄卖商店里蒙满了灰尘，无人问津。

如何才能改变这种既成的印象，改变销售现状？与灰心丧气的同事不同，卯木肇并未失去信心，而是陷入了沉思。他相信，只要勤思考，一定可以找到解决问题的办法。

一天，他驾车去郊外散心，在回来的路上，他注意到一个牧童正赶着一头大公牛进牛栏，而公牛的脖子上系着一个铃铛，在夕阳的余晖下叮当叮当地响着，后面是一大群牛跟在这头公牛后面，温顺地鱼贯而入……此情此景令卯木肇一下子茅塞顿开。一群庞然大物居然被一个小孩儿管得服服帖帖的，为什么？还不是因为牧童牵着一头带头牛。索尼要是能在芝加哥找到这样一只

“带头牛”商店来率先销售，岂不是很快就能打开局面？卯木肇为自己找到了开启美国市场之门的钥匙而兴奋不已。

马歇尔公司是芝加哥市最大的一家电器零售商，卯木肇最先想到了它。为了尽快见到马歇尔公司的总经理，卯木肇第二天很早就去求见，但他递进去的名片却被退了回来，原因是经理不在。第三天，他特意选了一个估计经理比较闲的时间去求见，但回答是“外出了”。他第三次登门，经理终于被他的诚心所感动，见了他，但是拒绝卖索尼的产品。经理认为索尼的产品降价拍卖，形象太差。卯木肇非常恭敬地听着经理的意见，一再地表示要立即着手改变商品形象。

回去后，卯木肇立即从寄卖店取回货品，取消削价销售，在当地报纸上重新刊登大面积的广告，重塑索尼形象。

做完这一切后，卯木肇再次叩响了马歇尔公司经理的门，这回听到的是索尼的售后服务太差，无法销售。卯木肇立即成立索尼特约维修部，全面负责产品的售后服务工作；重新刊登广告，并附上特约维修部的电话和地址，并注明24小时为顾客服务。

屡次遭到拒绝，卯木肇没有灰心。他规定他的每个员工每天拨五次电话，向马歇尔公司询购索尼彩电。马歇尔公司被接二连三的电话搞得晕头转向，以致员工误将索尼彩电列入“待交货名单”。这令经理大为恼火，这一次他主动去见了卯木肇，一见面就大骂卯木肇扰乱了公司的正常工作秩序。卯木肇笑逐颜开，等经理发完火之后，才晓之以理、动之以情地对经理说：“我几次来见您，一方面是为本公司的利益，但同时也是为了贵公司的利益。在日本国内最畅销的索尼彩电，一定会成为马歇尔公司的摇钱树。”在卯木肇的巧言善辩下，经理终于同意试销两台，不过，条件是如果一周之内卖不出去，立马搬走。

为了开个好头，卯木肇亲自挑选了两名得力干将，把订货的重任交给了他们，并要求他们破釜沉舟，如果一周之内这两台彩电卖不出去，就不要回公司了……

两人果然不负众望，当天下午4点钟，两人就送来了好消息。马歇尔公司又追加了两台。至此，索尼彩电终于挤进了芝加哥的"带头牛"商店。随后，进入家电的销售旺季，短短一个月内，竟卖出700台。索尼和马歇尔从中获得了双赢。

有了马歇尔这只"带头牛"开路，芝加哥的100家商店都对索尼彩电群起而销之，不到3年，索尼彩电在芝加哥的市场占有率达到了30%。

在每一个企业里，都会有业务人员被派往外地开拓新市场，如果都如卯木肇那样充满信心，积极寻找办法，又有什么困难能够阻挡他们呢？

海尔公司在进入美国市场时，刚开始并不了解该怎么做，于是他们聘请了一个美国当地人作为管理者。张瑞敏让美国人自己提出年薪，多少钱都不打折扣地答应，同时也提出条件，美国十大连锁企业，海尔的产品至少要进去一半。

那个美国人说根本不可能，GE、惠尔普、美泰克是美国家电企业的前三强，它们要进去都花了很多年。

张瑞敏却不这么想。他认为海尔跟在人家后边，永远不会有市场。海尔想要进入美国十大连锁企业，并不是没有可能，只是还没有找到方法。

最后，美国人被自信的张瑞敏说服了，提出了一些很有创意的措施。比方说进沃尔玛，美国人就在阿肯色州也就是沃尔

玛的总部所在地，在沃尔玛的总部外边，立起了一个巨大的海尔广告牌。沃尔玛的总经理经常在工作时间向窗外眺望，一眺望就看到了这个广告牌。他就问海尔是个什么品牌、是哪儿的，底下人就去了解，说海尔是中国的，这个品牌也不错，而且广告牌上面有地址、有电话，可以联系一下。就这样，海尔和沃尔玛接上头了。

对于自信的人来说，没有什么困难是不可克服的，他们需要找的只是通往成功的方法。相反，不自信的人之所以经常遭受失败，是因为他们看不到希望，半途而废，甚至还没开始尝试就已经放弃了。要知道，平庸的人之所以平庸，是因为他们总是搬出种种理由来欺骗自己，也使别人受骗。我们所要做的就是相信自己，碰到问题的时候想尽一切办法，用创意突破困境。

责任来了义不容辞：做企业的关键员工

工作中，我们会碰到一些很大的困难，大到让我们感到难以克服。这时候，那些能够挺身而出解决困难的人往往成为最重要的人。谁能够在关键时刻坚守下来，谁就是最有价值的人。这种人离卓越最近，也离成功最近。

1793年，守卫土伦城的法国军队叛乱。叛军在英国军队的援助下，将土伦城护卫得像铜墙铁壁，前来平息这次叛乱的法国军队怎么也攻不下。土伦城四面环水，且有三面是深水区。

英国军舰就在水面上巡弋着，只要前来攻城的法军一靠近，就猛烈开火。法军的军舰火力远远不如英军的军舰，根本无计可施，法军指挥官急得团团转。

在平息叛乱的队伍中，一位年仅24岁的炮兵上尉灵机一动，没有选择强攻城市，而是率领一个突击队，攻占了土伦城附近的一个叫小直布累陀的山顶阵地。他运用弹道学知识，居高临下，30门大炮一齐开火，精确地打击停泊在港口的英国海军，迫使其撤退。

一时之间，英国舰艇乱成一团。仅仅两天时间，原来把土伦城护卫得严严实实的英军舰艇就被轰得七零八落，不得不狼狈逃走。叛军见状，也很快缴械投降。

经历这一事件后，这位年轻的上尉一举成名。

你知道这位上尉是谁吗？他就是后来成为法国皇帝、威震欧洲的拿破仑。

和许多卓越的人一样，拿破仑的成功在相当程度上得益于在关键时候开动了脑筋，为攻克城市找到了突破的方法。他后来每一步的升迁，都和他在关键时刻发挥作用有关。如果我们也想成为卓越的人，取得辉煌的成就，就必须在工作中坚守岗位，尽职尽责，在企业最需要我们的时候做一名勇于担责、解决问题的关键员工。

李刚是一家滑雪娱乐公司的普通修理工，该公司是全国首家引进人工造雪机在坡地上造雪的大型滑雪娱乐公司。

有一天晚上，李刚深夜出去巡夜，看见有一台造雪机喷出的全是水，而不是雪，这是造雪机的水量控制开关和水泵水压开关不协调造成的。他赶忙跑到水泵坑边，用手电筒一照，发现坑里的水快漫到动力电源的开关口，若不赶快行动，动力电缆将会发生短路，这会给公司带来重大损失，甚至可能伤到许多人。

在这种情况下，他不顾个人安危，跳入水泵坑中，控制住了水泵阀门，防止了水的漫延。李刚穿着全身是水的衣服，把坑里的水排尽，重新启动造雪机开始造雪。当许多同事赶过来帮忙的时候，他已经把问题处理妥当，这时候，他已经冻得浑身颤抖得走不动了。老板闻讯赶来，连夜把李刚送入了医院。

因为李刚的英勇行动，公司避免了重大损失。李刚因此受到了公司的表扬和嘉奖，他从一名小小的修理工，被提拔为部门经理。

你还记得抗洪中感人的情景吗？当堤坝上出现缺口的时候，谁在附近谁就用身体堵上去，因为那已经到了关键时刻，刻不容缓。同样，公司在经营和管理的过程中也会遇到意外的事件，有些迫在眉睫，必须马上解决，这时候你就要在知道自身能力的情况下，挺身而出，开动脑筋，帮老板解决所遇到的问题或困境。这样，你就能够成为企业发展必不可少的关键员工。

有着“世界经理人的经理人”之称的通用公司前CEO杰克·韦尔奇在掌管GE的岁月里，许多人离开，许多人加入，也曾经有过大范围的裁员。哈克·摩尔在 GE工作的时间比杰克·韦尔奇更长，他早来三年，最开始他的职位是一位副经理的第三秘书，但在杰克·韦尔奇即将卸任的时候，他已经成为杰克·韦尔奇最得力的助手和最知心的朋友。杰克·韦尔奇在自传中这样描述哈克·摩尔：

“他在通用工作的时间比我还要长，直到现在还没有退休。在漫长的岁月中，他在20多个岗位上工作过，并不是因为他不能胜任原来的工作而被调离，而是在某个职位出现空缺时，大家总是习惯性地想到他。他总是很快就能胜任新的工作，并且能够在新的工作中独当一面。他总是让人觉得他是一个执行力强，从不把问题留给别人的人。

“后来，我把他晋升为我的助手。从他身上我看到了‘适应性’的可怕，如果让哈克·摩尔坐我的位子，他不会比我逊色。他总是能通过自己出色的学习能力，在很短的时间内胜任新的工作。”

哈克·摩尔是所有通用员工的榜样，也是我们每个人的榜样，每个追求卓越者的榜样。无论在什么岗位上，总能勇担责任，独当一面，为老板和企业排忧解难，而不是在工作中畏葸不前，留下一大堆悬而未决的问题，唯有如此，你才能够成为企业的关键员工，为推动企业发展贡献力量。

第五章 信心浇灌业绩之花

一名优秀的员工不仅要肯做事，还要能做事；不仅要主动做事情，还要把事情做好，做出成绩来。无论什么行业，无论什么职位，业绩才是硬道理，我们都必须通过业绩来证明自己、成就自己。

工作中，信心可以我们的业绩更加出众。信心可以提升我们做事的绩效，使我们在遇到困难时能够保持积极的工作心态。信心可以使我们焕发出良好的精神面貌，以最佳的状态做好自己的每一份工作。信心就如同阳光雨露，我们要用它浇灌美丽的业绩之花！

优秀员工必是自信之人

“危机”这个词很奇妙，因为它是由两部分组成的，一个是“危”，即困境、挫折；另一个则是“机”，即机会、机遇。物有两面，相反相成，对待同一件事情，如果我们能够充满信心、乐观看待，一定可以找到有利于事情发展的一面。

南宋绍兴十年的一天，杭州城最繁华的街市失火，火势迅猛蔓延，数以万计的房屋商铺陷入汪洋火海之中，顷刻之间化为废墟。有一位裴姓富商苦心经营了大半生的几间当铺和珠宝店，也在那条街，火势越来越猛，大半辈子的心血眼看毁于一旦，但是他并没有让伙计和奴仆冲进火海，舍命抢救珠宝财物，而是不慌不忙地指挥他们迅速撤离，一副听天由命的神态，令众人大惑不解。

随后的日子，他派人从长江沿岸平价购回大量木材、毛竹、砖瓦、石灰等建筑用材。当这些材料像小山一样堆起来的时候，他又整天品茶饮酒，逍遥自在，好像失火压根儿与他不相干。

大火烧了数十日之后被扑灭了，曾经车水马龙的杭州，大半个城已经是墙倒房塌，一片狼藉。不几日，朝廷颁旨：重建杭州城，凡是销售建筑用材者一律免税。于是杭州城内一时大兴土木，建筑用材供不应求，价格陡涨。裴姓商人趁机抛售建材，获利巨大，其数额远远大于被火灾焚毁的财产。

戴高乐说过："困难，特别吸引坚强的人，因为他只有在拥抱困难时，才会真正认识自己。"这句话一点也没错。面对挫折，我们不妨问一下自己：我努力尝试过了吗？我不止一次地努力了吗？我真的用心去思考过这些问题吗？只试一次是绝对不够的，更不用说从未思考、从未尝试过了。这个世界没有绝对的困境，正如这个世界没有绝对的失败者一样。只要肯动脑筋、肯下苦功，你一定可以在困难中寻找到机遇。对于自信的人来说，成功的机会从不缺乏。

有一位法律专业的毕业生，家在一个小县城里。毕业时，很多同学利用关系千方百计留在大城市里，他因为没有任何关系，只好回县城。

一开始，他有些沮丧，但很快就意识到，回到偏僻地方也许是一次难得的机遇。因为当一个好律师，必须有很多实践机会。他发现整个县城没有一个律师，他是唯一一个受过正规训练的人，领导十分器重他，把很多案子交给他去办。由于他潜心学习，很爱动脑子，办了不少大案子，还有些是棘手案子，他很快崭露头角。后来，有一个考取正式律师的名额，自然非他莫属，他26岁就成了一名正式律师，并当上了律师事务所的重要合伙人。

相反，与他同期毕业留在大城市的同学，由于城市里人才济济，实习的机会少，几年之后有的还没有单独办过案子，还是见习律师，有的还在当文书，做助手。彼此见面的时候，同学们用羡慕的眼光看他，说他是幸运儿、机遇好。其实，应该说这是环境给了他磨炼的好机会，使他很快成才。

如果说危机是场大火，那么危机到来的时候，很多人都会避之唯恐不及地往"出口"跑，看似最安全的地方反而因为拥堵成了最危险的地方。这时候，如果有人懂得另辟蹊径，从"进口"跑出来，得救的希望反而更大一些。这位法律专业的毕业生之所以能够成功，就在于当大家都往大城市这些“出口”跑的时候，他却与众不同地跑向了“进口”——一向不被人们看好的小县城，凭着坚定的信念以及不懈的努力，他终于取得了成功。同学们羡慕他有更多的成功机会，但他若是没有这种信心，机会再多也是徒然。

同样，金融危机是对企业和员工的一次考验。对于员工而言，也是挑战与机遇并存。有信心的员工把握住了机会，既帮助企业渡过了难关，也为自己赢得了提升的机会。我们说自信的人拥有更多成功机会，是有着充分的事实依据的。

罗萍是一家连锁餐饮集团公司的普通营业员，因为平时工作表现好，曾多次被评为最佳店员。有一次，这家连锁店里突然发生了一起意外事件，一位食客在进餐时突然倒地，四肢抽搐，口吐唾沫。众人一时纷纷怀疑是食品中毒，甚至有人拿出电话通知报社和电视台。现场乱成了一片，眼看着公司就要陷入一场公关危机当中。

在这关键时刻，罗萍镇定自若，一方面指挥其他店员打急救电话，一方面竭力安抚顾客，保证不是食物中毒。她告诉大家，食物绝对没有毒，并冒险当场吃下很多饭菜。为了防止谣言扩散，她还请求大家等待急救车的到来，由医生评判。

不久，急救车来了，经验丰富的医生告诉大家，所谓“中毒”的顾客实际上是羊角风发作，不过凑巧赶在这样一个场合，大家尽可放心。一场危机就这样过去了，餐饮公司因为对顾客认真负责受到了广泛好评，到这里吃饭的人更多了。

当然，这事对于罗萍来说也是一次转机。由于罗萍勇敢而机智地避免了一场危机的上演，受到公司领导的高度赞扬。不久，她就被升为店长。

在工作中，很多人都跟罗萍一样，是个不起眼的小职员，但是罗萍的成功经验告诉我们：哪怕是小人物，只要怀有信心，就能够在关键时刻挺身而出，帮助企业化解危机，甚至变危机为良机，给企业、给个人带来更好的发展前景。一个人永远不要高估了困难，却低估了自己。只要有信心，你就能赢得更多的成功机遇。

用业绩证明自己的价值

一名优秀的员工不仅要肯做事，还要能做事；不仅要主动做事情，还要把事情做好，做出成绩来。因为只有做出了成绩，我们才有更强的实力去整合资源、吸收外部力量，从而获得更多的优势。这又会反过来增加我们对未来的把握，从而提升自信的程度。可以说，在业绩的影响下，信心与行动将实现互为因果的良性循环。

戴约瑟14岁的时候，在一家公司打杂，他一直梦想成为一个杰出的推销员。

有一天下午，从芝加哥来了一个大客户。那天是7月3日，这个客户在7月5日便要动身前往欧洲，在动身之前他想订一些货。

这要等到第二天才能办好，但第二天7月4日正好是国庆日，是全国放假的日子，不过店主答应那天派一个店员来处理。普通订货的手续是，客户先把各种货物的样品看一遍，选定他所想要的货，然后推销员把他订的货拿来再认真地检查一遍。但是，这次被指派去做这一工作的那个年轻店员不愿意牺牲他的假日来取货，他为难地说，他的父亲是非常爱国的，绝不肯让他的儿子把国庆日这样的节日浪费掉。这当然只是托词，其实真正的原因是想去看球赛。

于是，戴约瑟对那个店员说，愿意代替他做，结果没过多久戴约瑟就成为公司正式的推销员。17岁的时候，戴约瑟便成为一个十分成功的推销员。

同是打杂的，戴约瑟之所以能够迅速实现梦想，就在于他不仅对自己的未来充满信心，还在于他把这种信念转化为行动。我们要创造自己的事业，实现自己的职业梦想，同样需要这么做。这期间，我们可能会碰到无数的困难，但只要肯努力，终究会得偿所愿。

纽约首屈一指的毛织物批发商达勒·柯姆，有一年雇用了一名杂役，是一位叫乔瑟夫的少年。每天早晨6点钟，乔瑟夫要到富兰克林街的办公室，在七点半办事员来之前，把办公室打扫整理好。除此之外，白天一整天，他都要为一名罹患慢性胃病的董事来回不断地送热水。

当周薪被调整到五美元的时候，乔瑟夫申请推销毛织物。

有一天，大风雪侵袭全纽约，就在这场大灾难刚过不久，推销员在中午时纷纷赶回富兰克林街的办公室，争先恐后靠到火炉旁，尽兴地聊着天。

到了下午，已经冻僵了的乔瑟夫才走进办公室。

"原来是董事先生上班了。"资深的推销员讽刺地说。

"不过，我把今天应做的工作全做了。"他回答说，"在这样的大风雪，我更加勤奋，而且这样的日子不会有竞争对手，所以给客人们看了更多的样本，今天获得了43件订货。"

很快，乔瑟夫被升为正式推销员，薪水也增加了。

乔瑟夫用自己的业绩获得了老板的重用，实现了自己的理想。

在工作当中，我们要拿什么证明自己？或者说，我们要怎么做，才能给老板一个提升我们的理由？业绩！无论什么行业，无论什么职位，业绩才是硬道理。因此，员工要善于在工作中把业绩最大化，这样老板才能看到你的信心与能力，从而放心地把更多的资源和机会交给你。事实证明，这么做不仅可以增添我们的信心，还会让我们赢得他人的尊重，从而实现自我价值。

1994年初进微软的唐骏没能去他想去的市场部门，而成了微软Windows NT开发组的程序员。那时微软拥有像唐骏这样的工程师不下万人，但是他并未因此灰心丧气，而是开动起了脑筋。

如何让自己从这些工程师中脱颖而出呢？

他做的第一步是发现问题、寻找机会。

在微软Windows NT开发组，唐骏发现了微软在Windows版本开发中的局限。当时微软开发Windows的程序是这样的，先做英文版，再由一个300多人的大团队开发成其他语言版本。这样的结果是，其他的版本落后于Windows英文版上市几个月甚至是几年。

唐骏认为这种办法是愚蠢的。半年后，经过实验，他拿出了自己的解决方案。微软很快接受了他的方案，并且委任唐骏为该方案的负责人。唐骏从一个工程师变成了一个部门的经理。

唐骏后来告诫职业人，普通员工一定要站在老板的角度思考问题，同时最好能提出解决方案，这样才会被重视。

唐骏还善于在公司的发展战略中发现自己的机会。

1998年的时候，微软要在中国强势发展的势头被唐骏发现，于是凭借自己的技术优势、管理优势，以及身为中国人的优势，他获得了到中国上海创办大中国区技术支持中心的发展机会。

在这里，唐骏用业绩为自己的个人品牌增加了含金量。

他在没有一兵一卒的情况下，亲自面试，首批聘用了27名员工，迅速构建了上海微软最初的班底；3个月后，管理系统初步建成，技术中心开始运转；6个月后，唐骏领导的技术中心各项运营指标已位居微软全球5大技术支持中心之首，唐骏也因此获得了“比尔·盖茨总裁杰出奖”，这是微软公司内部的最高荣誉。

由于业绩突出，一年之后的1999年7月，唐骏领导的微软中国技术支持中心首获微软全亚洲的技术支持业务。唐骏成了微软亚洲技术支持中心的领导者。

唐骏之所以能够不断提升，就是因为有骄人的业绩做后盾；他受到众多同行的尊重，还是因为有骄人的业绩作为自己的职场“名片”。

一名优秀的员工不会让自己的信心止于口头表达，而会通过一系列迅捷、有效的措施将其化为看得见的业绩。有了业绩这个“保险箱”，信心这笔财富才能得以保障，否则信心再多，也只是一句空话。更重要的是，良好的业绩也为信心的提升提供着源源不断的现实动力。唯有取得骄人的业绩，我们才能让信心拥有扎实的现实根基，并在此基础上不断前进。因此，想要成功的员工，无论你现在是否拥有信心，你都应该努力创造业绩！

信心让你的工作更高效

有些人因为缺乏信心的缘故，对自己的工作没把握，也对别人不放心，做什么事都要犹豫再三、叮咛再四，结果他们工作起来非常繁忙，常常为了完成任务而拼命加班，却忽略了效率。工作像一种气体，会自动膨胀，并填满多余的空间。时间管理专家从不鼓励人们为解决时间问题而延

长工作时间。例如，一个计划到下班时还没写完，也许你会自然地对自己说："我会在晚上把它写完。"因为你把晚上当做了白天的延伸。这种做法不仅影响家庭和社会生活，还降低工作效率，而你成了整个事件的唯一受害者。因此，我们要学会用信心来提高我们的工作效率，减少中间无谓的思考与检查。

熟悉安德鲁·伯利蒂奥的人都会说："看，安德鲁·伯利蒂奥真是太会珍惜时间了！"人们都知道，为了能成为一名出色建筑师，他拼命地想要抓住每一秒钟的时间。

每天，他把大量的时间用在设计和研究上，除此之外他还负责很多方面的事务，每个人都知道他是个大忙人。他风尘仆仆地从一个地方赶到另一个地方，因为他不放心任何人，每一项工作都要自己亲自参与才放心。时间长了，他自己也感觉到很累。对于自己的工作，他也经常感到不放心，总是要考虑很长时间才做决定，显得犹豫不决。

其实，他的很大一部分时间都浪费在一些乱七八糟的事情上。无形中，他增加了自己的工作量。有人问他："为什么你的时间总是不够用呢？"他笑着说："因为我要考虑的事情太多了！"

后来，一位教授见他整天忙得晕头转向，仍然没有取得令人骄傲的成绩，便语重心长地对他说："人大可不必那样忙！"

"人大可不必那样忙！"这句话给了他很大的启发，就在听到这句话的一瞬间他醒悟了。他发现自己虽然整天都在忙，因为缺乏信心，所做的真正有价值的事实在是太少了！这样做对实现自己的目标不但没有帮助，反而限制了自己的发展。

如梦初醒的安德鲁清除了不必要的事务，把时间用在更有价值的事情上。部属们也因为得到他的信任，有了更大的施展平台，工作效率明显提高。很快，就在他所带领的团队获得最高效能团队奖的同时，他的一部传世之作《建筑学四书》也问世了，该书至今仍被许多建筑师们奉为经典。

安德鲁十分感激那位教授，是他帮助安德鲁恢复了信心，相信自己，也相信别人，从而节约了彼此的时间，提高了工作效率，在有限的时间内做了更多有价值的事情。

每一个人的时间都是有限的，工作时间更是宝贵。有时候，快一分钟、慢一分钟对工作的最终结果有着极大的影响，因此，提高效率是每个员工都必须努力的方向。是什么阻碍了人们提高效率呢？是过多的犹豫，还是无谓的争执？是过多的过问，还是反复的检查？是找不到办法，还是根本就无法可想？无论是哪一种，我们都可以找到信心这一联结点。如果我们更有信心一些，我们做事就会更加果断，碰到困难的时候就会更加积极乐观，从而更快地找到办法。信心未必是提高我们工作效率的最佳办法，却是万万忽略不得的。只要利用得当，我们一样可以让信心提升我们的工作效率，从而离成功更近一些。

2005年10月，沈阳鸿达电信公司发出倡议开展“小灵通租机活动”。公司的员工积极响应公司的号召，用汗水和智慧为企业创造了财富，业务经理刘杰就是这次活动表现最突出的人。

在看到公司的倡议后，刘杰觉得信心百倍，因为他很清楚自己的实力，更相信凭借着正确的办法，一定可以很快取得成功。当天晚上，在别人正犹豫不决的时候，他就展开行动，制订了一个详尽的营销计划。他把自己所有的社会关系逐一记录下来，并按亲戚、朋友、同学等分门别类。分好类之后，他又在每个类别中按A、B、C再进行细分，在每个个体的后面标明就职单位、职务、兴趣爱好，以及对该单位实行营销的成功概率，然后

将成功概率在80%以上的个体归为A类，将成功概率在50%～80%之间的个体归为B类，成功概率在50%以下的归为C类。对于B类和C类，他还将每个个体所在单位的决策者以及目前所知该决策者的社会关系统统标注出来，再按成功概率进行划分。对不同单位和个体，他制订了不同的营销方案。

第二天，他开始对A类个体单位实行有针对性的营销，仅仅一个星期，就签下市人民法院、市国税局等几个大单，共计250余户。一个星期很快过去了，针对A类个体单位的营销行动取得了骄人的业绩。然而刘杰并没有因此沾沾自喜，他知道，更大的困难和挑战还在后面。

从第二个星期起，刘杰开始对B类用户实行个性化营销。其实，早在第一个星期，他就在脑海里开始运筹B类用户的营销方案，进行了一些初步了解，还与个别单位达成意向性口头协议。有了这些基础，尽管阻力很大，刘杰还是在第二个星期签下市农行、司法局及市客车运输公司等几个大单，共计200余户。

不用说，剩下的都是一些难啃的骨头了。但刘杰没有灰心，他买回一本《消费者行为学》钻研。通过学习，刘杰明白了，对这种不容易接受新鲜事物的人要采用迂回营销的方法，避免在营销过程中处于被动，缩短“销售距离”。经过一段时间的努力，刘杰在这一部分中也拥有了广大用户。

刘杰不仅有信心，而且善于将这种信心转化为方法，在最短的时间内取得最大的成就。他一个人就创下销售658台小灵通终端的纪录，这个纪录是十分惊人的，须知658台差不多相当于整个郊区中心的成果。

在困难面前，信心让我们更加勇敢，从而缩短了接受任务的时间；在挫折面前，信心让我们变得更加坚强，积极地寻找方法，而不是坐地痛哭；信心还让我们冷静地分析事情，寻找解决问题的办法，缩短实现目标的距离。总而言之，信心可以让你的工作变得更加高效，让你在走向成功的路上走得更快一些、更稳一些。

将自信留给自己，把业绩交给公司

在工作中，自信的人选择努力，不自信的人选择抱怨。然而，无谓的抱怨除了浪费时间和精力之外别无用处。更重要的是，这种不自信的做法还是拖延的前奏，分散工作精力，从而影响业绩。对于老板来说，员工的雇佣价值就体现在他能够解决问题、创造业绩，而不是怨天尤人。因此，在工作中，当问题出现的时候，我们应该满怀信心地迎难而上，积极地寻找方法，为公司创造业绩。

杰克原来是公司的生产工人，1992年的时候，他主动请缨，申请当营销员。当时，公司正在招聘营销人员，经理便同意了，而且各项测试也显示他适合从事营销工作。

那时，公司还很小，只有30多人。面临着许多要开发的市场，公司没有足够的财力和人力。杰克被派往西部一个市场——其他市场也只派出一个人。在这个城市里，杰克一个人也不认识，吃住都成问题，但面对困难，他没有丧失信心，中途退缩。

没有钱乘车，他就步行，一家一家公司去拜访，向他们介绍公司的电器产品。他经常为了等一个约好见面的人而顾不上吃饭，因此落下了胃病。他租住的是一家人闲置的车库，由于只有一扇卷帘门，而且没有电灯，晚上门一关，屋子里就没有一丝光线，倒有老鼠成群结队地“载歌载舞”。那个城市的春天多沙尘

暴，夏天经常下冰雹，冬天则经常下雨，这样的气候对他来说无疑是沉重的考验。有一回，杰克差点被冰雹击晕。公司的条件甚至差到超出杰克的想象，有一段时间，连产品宣传资料都供不上，杰克只好买来复印纸，自己手写宣传资料，好在他写得一手好字。

在这样艰苦的条件下，一个人不动摇是不可能的。但每次动摇时，杰克都对自己说：凡事都会有解决方法的，困难只是暂时的，我不能放弃。一年后，派往各地的营销人员回到公司——当然，其中有六成人员早已不堪工作艰辛而悄无声息地离职了，而杰克的成绩是最好的。

有信心也有业绩的人终有回报。三年后，杰克被任命为销售部经理，这时，公司已经是一个拥有上千名员工的中型企业了。

杰克之所以能够获得成功，就在于他从不丧失信心，而是奋战到底，拿出一流的业绩证明自己。相反，员工如果缺乏信心，就不敢面对工作中的种种不利状况，寻找借口，推诿责任，而不是积极找方法解决。久而久之，企业就会在这种消极的氛围中走向灭亡，最终害了员工自己。因此，我们要保持乐观向上的心态，努力工作，寻找各种提升业绩的办法，推动公司向前发展。

在很长时间内，机械式手表一直占据着垄断地位，瑞士钟表商率先开发出了石英数字手表，但是由于不舍得放弃现有机械式钟表庞大的市场，所以他们将石英数字表定位为高价产品。与此同时，在日本有一家钟表店，由于整个钟表市场的不景气，公司业务一直不好。有一天，店里的一位业务员在向一个客户推销产品时，客户问他：“你们这里有没有石英数字表啊？”

业务员摇摇头说：“现在只有瑞士的钟表商才有石英数字表。”

客户说："瑞士的表太贵了，要是有便宜一点儿的就好了。"

虽然客户最终还是买了业务员推销的表，但是从表情来看，他并不是十分满意，这给业务员留下了深刻的印象。

在回公司的路上，业务员又想起了那个客户的话，思考着有没有既能解决客户的问题，也能提高自己业绩的办法。想着想着，他突然灵机一动，有了一个主意："我们能不能引进瑞士钟表的这项技术，然后在制程和产品设计上加以改进创新，这样，或许我们的手表就能突破市场的局限了。"

想到这里，业务员十分兴奋，几乎是一路小跑回了公司。他立刻找到了技术部门的主管，满怀信心地提出了自己的设想。技术主管听了也非常兴奋，在与老总商量后，立刻着手开始工作。

终于，技术部门经过研究，引进瑞士钟表的技术，并在选材上进行了改良，大大降低了成本。产品一经推出，不但和瑞士钟表有同样的功能，而且价格低廉很多。很快，该公司就占领了日本国内的大部分钟表市场。而那位业务员更是被老总和其他员工当做英雄一般看待，不但得到了老总的提拔，也得到了同事们的欣赏。

在业绩面前，不少人停止了前进的脚步，觉得自己的能力已经发挥到了极限，而市场也渐趋饱和，无法可想。但是有信心的员工并不这么认为，他们相信，只要再努力一把，一定能够找到增加客户、拓展市场的办法。要知道，方法或创新这一类东西既不局限于高、精、尖，也不是某些高层或者主管的"专利"。我们每个人身上都隐藏着解决问题、提升业绩的方法，只要我们拥有信心，努力思考，一定可以找到解决之道。

老板都喜欢能够创造高业绩的员工，但他们更喜欢有信心的员工，因为有信心的员工不仅可以解决工作中的实际问题，还能勇往直前，而不

是安于现状或者畏葸不前。对于企业交代下来的任务，他们总能乐观地接受，积极地完成；面对竞争日益激烈的市场，他们总能寻找办法，不断提升自己的业绩。这既能提升企业的效益，也能在企业内部激发其他员工，从而推动企业前进。因此，如果你想成为一名优秀的员工，你就必须培养足够的信心，将信心留给自己，把业绩交给公司。

播撒阳光心态，驱散职场阴霾

月有阴晴圆缺，人有悲欢离合，事业遭遇挫折，企业碰到危机，总是避免不了的事情。我们虽然无力改变这些，但是可以改变自己。人称世界第一潜能开发专家的安东尼·罗宾说过："众所周知，除了少数天才，大多数人的禀赋相差无几。那么，是什么在造就我们、改变我们？是'心态'！心态是内心的一种潜在意志，是个人的能力、意愿、想法、价值观等在工作中所体现出来的外在表现。"心态决定一切，包括我们的命运。因此，我们要实现自己的目标，就应当时刻保持积极的心态，哪怕碰到再大的危机，也要学会笑着面对。

美国从事个性分析的专家罗伯特·菲利浦有一次在办公室接待了一个因自己开办的企业倒闭，负债累累，离开妻女到处为家的流浪者。那个人进门就打招呼说："我来这儿，是想见见这本书的作者。"说着，他从口袋中拿出一本名为《自信心》的书，那是罗伯特多年前写的。流浪者继续说："一定是命运之神在昨天下午把这本书放入我的口袋中的，因为我当时决定跳入密歇根湖，了此残生。我已经看破一切，认为一切已经绝望，所有的人（包括上帝在内）已经抛弃了我。但还好，我看到了这本书，使我产生了新的看法，为我带来了勇气及希望，并支持我度过昨天晚上。我已下定决心，只要我能见到这本书的作者，他一定能协助我再度站起来。现在，我来了，我想知道你能替我这样的人做些什么。”

在他说话的时候，罗伯特从头到脚打量着流浪者，看着他茫然的眼神、沮丧的皱纹、十来天未刮的胡须以及紧张的神态，这一切都显示，他已经无可救药了。但罗伯特不忍心对他这样说，因此，请他坐下，要他把他的故事完完整整地说出来。

听完流浪汉的故事，罗伯特想了想，说：“虽然我没有办法帮助你，但如果你愿意的话，我可以介绍你去见本大楼的一个人，他可以帮助你赚回你所损失的钱，并且协助你东山再起。”罗伯特刚说完，流浪汉立刻跳了起来，抓住他的手，说道：“看在上帝的分上，请带我去见这个人。”

他会这样做，显示他心中仍然存在着一丝希望。于是，罗伯特拉着他的手，引领他来到从事个性分析的心理试验室里，和他一起站在一块窗帘布之前。罗伯特把窗帘布拉开，露出一面高大的镜子。罗伯特指着镜子里的流浪汉说：“就是这个人。在这个世界上，只有一个人能够使你东山再起，除非你坐下来，彻底认识这个人——当做你从前并不认识他——否则，你只能跳入密歇根湖，因为在你对这个人有了充分的认识之前，对于你自己或这个世界来说，你都将是一个没有任何价值的废物。”

流浪汉朝着镜子走了几步，用手摸摸自己长满胡须的脸孔，对着镜子里的人从头到脚打量了几分钟，然后后退几步，低下头，开始哭泣起来。过了一会儿，罗伯特领他走出电梯间，送他离去。

几天后，罗伯特在街上碰到了这个人，他不再是一副流浪汉形象，他西装革履，步伐轻快有力，头抬得高高的，原来那

种不安、紧张的神情已经消失不见。他说，他感谢罗伯特先生，让他找回了自己，并很快找到了工作。后来，那个人真的东山再起，成为芝加哥的富翁。

所有成就一番事业的人身上都有一种十分可贵的品质——坚信自己必胜。在逆境中，他们懂得保持心平气和的状态，不急不躁，从容应对。微笑让他们变得更加理性与冷静，仔细分析困境，理清思路，找出解决问题的方法，从而顺利渡过难关。从心理学的角度来讲，不利局面下保持微笑还会给竞争对手以极大的心理压力，此时的微笑会让对手心惊胆战，不寒而栗。在你自信的笑容中，一切困难与敌人都将倒下。因此，碰到危机的时候，请微笑着面对。微笑十分简单，却有着强大的力量。

一名员工加入一家企业，就是要为企业解决问题、化解危机的，懈怠、逃避并不能解决任何问题。因此，在危机面前，每名员工都要学会保持良好的心态，运用自身的智慧与能力帮助企业渡过难关，促进企业发展。唯有如此，企业与员工才能取得更加辉煌的成就。

第六章 坚定信心，每个人都可以使公司有所变化

企业碰到困难了，大家要何去何从？公司陷入困境了，员工应该怎么办？

员工不仅是企业的一员，更是企业的主人。无论职务高低、能力大小，每个人都是公司棋局中不可或缺的一粒棋子，每个人都可能成为推动公司发展的重要力量。一名优秀的员工应当坚定信心，认清使命，跳出个人能力的局限看问题，不断地突破自我、超越自我，为公司的发展贡献自己的热情和智慧。

你的信心有多大，舞台就有多大

信心到底可以发挥多大的作用呢？这个实在不好说，因为它永远没有一个确切的边界，但是我们可以肯定的是，一个人的成功程度是与信心大小成正比的，信心有多大，他的舞台就会有多大。

一个有信心的人能够超越自我，也勇于超越自我，因为这种对自身能力或素质的突破不仅是心理潜能的激发，更是人性的完善、境界的提高。如果我们把叹息的时间用于努力，那么很多事情的成功概率便会提高好几成。而当我们终于登上成功巅峰的时候，我们会惊叹自己竟有如此之大的能耐、有如此之深的潜能，而这在以前只不过是一种梦想罢了。事实上，这就是信心的作用。

美国NBA联赛中有一个夏洛特黄蜂队，黄蜂队有一位身高仅1.60米的运动员，他就是蒂尼·伯格斯——NBA最矮的球星。伯格斯这么矮，怎么能在巨人如林的篮球场上竞技，并且跻身NBA球星之列呢？这要归功于伯格斯的自信。

伯格斯自幼十分喜爱篮球，但由于身材矮小，伙伴们瞧不起他。有一天，他很伤心地问妈妈："妈妈，我还能长高吗？"妈妈鼓励他："孩子，你能长高，长得很高很高，会成为人人都知道的大球星。"从此，长高的梦像天上的云在他心里飘动着，每时每刻都闪烁着希望的火花。

"业余球星"的生活即将结束了，伯格斯面临着更严峻的考验——1.60米的身高能打好职业赛吗？

伯格斯横下心来，决定要凭1.60米的身高在高手如云的NBA赛场上闯出自己的一片天地。“别人说我矮，反倒成了我的动力，我偏要证明矮个子也能做大事情。”在威克·福莱斯特大学和华盛顿子弹队的赛场上，人们看到蒂尼·伯格斯简直就是个“地滚虎”，从下方来的球90%都被他收走……

后来，凭借精彩出众的表现，蒂尼·伯格斯加入了实力强大的夏洛特黄蜂队，在他的一份技术分析表上写着：投篮命中率50%，罚球命中率90%……

一份杂志专门为他撰文，说他个人技术好，发挥了矮个子重心低的特长，成为一名使对手害怕的断球能手。“夏洛特的成功在于伯格斯的矮”，不知是谁喊出了这样的口号，许多人都赞同这一说法，许多广告商也推出了“矮球星”的照片，上面是伯格斯淳朴的微笑。但是，只有已经成为著名球星的伯格斯知道，是当年他妈妈那一番话鼓舞了他，让他明白一个人的信心有多大，他的成功几率就有多大。他很想跟妈妈说的是，虽然他没有长得很高很高，但他已经成为人人都知道的大球星了。

一个矮个子想成为NBA明星，这在一般人看来，几乎是不可能的，但是身高仅1.60米的伯格斯做到了。他不仅有梦想，还有信心，敢想敢拼。他相信自己，并在此基础上充分发挥自己的优势，使自己成为夏洛特黄蜂队里的超级断球手。伯格斯的成功告诉我们这样一个道理：无论是谁，只要相信自己，努力超越自我，命运也可以由自己改写。一个人有多大的信心，就会有多大的才能施展平台。

在企业中，这个道理是否同样适用呢？事实给了我们一个肯定的答复。

齐瓦勃是伯利恒钢铁公司——美国第三大钢铁公司的创始人。他出生在美国乡村，只受过短暂的学校教育。15岁那年，家中一贫如洗的他到一个山村做了马夫。然而雄心勃勃的齐瓦勃无时无刻不在寻找着发展的机遇。3年后，齐瓦勃来到钢铁大王卡内基的公司所属的一个建筑工地打工。一踏进建筑工地，齐瓦勃就显现出了高度的自我规划和自我管理能力。当其他人都在抱怨工作辛苦、薪水低并因此而怠工的时候，齐瓦勃却一丝不苟地工作着，并且为以后的发展而开始自学建筑知识。因为他相信，只要不断努力，自己一定会有出头之日的。

一天晚上，同伴们都在闲聊，唯独齐瓦勃躲在角落里看书。那天恰巧公司经理到工地检查工作，经理看了看齐瓦勃手中的书，又翻了翻他的笔记本，什么也没说就走了。

第二天，公司经理把齐瓦勃叫到办公室，问道："你学那些东西干什么？"

齐瓦勃说："我想，我们公司并不缺少打工者，缺少的是既有工作经验、又有专业知识的技术人员或管理者，对吗？"

经理点了点头。不久，齐瓦勃升任技师。这是他在信心的激励下取得的第一次成功，但他并未满足。

在打工者中，有些人以为齐瓦勃碰巧捡了个大便宜，却不满足，还在做白日梦。他回答说："我不光是在为老板打工，更不单纯是为了赚钱，我是在为自己的梦想打工，为自己的远大前途打工。我要使自己工作所产生的价值，远远超过所得的薪水。我相信，只要坚持下去，我就能得到重用，就可以获得发展的机遇。"

抱着这样的信念，齐瓦勃一步步升到了总工程师的职位上。25岁那年，齐瓦勃做了这家建筑公司的总经理。

超越自我需要一个人坚持不懈地努力，而这一切离了信心几乎是不可能做到的。坚持和积累比素质和技巧都重要得多。相比之下，那些有信心坚持下来的人更有机会取得成功。我们大多数人，智力和能力相差并不大，知识和技巧也差不多，唯有信心能够把我们区分开来。从这个角度来说，一个人的成功舞台是与他的信心大小成正比的。

在事业中，自信者坚持到底，不断超越，取得一个又一个成功，而缺乏信心的人还在羡慕别人的成就，或者只是无聊地叹息，任由自己的潜能白白浪费。他们忘了，想要获得更多的发展机遇，首先要相信自己，付诸行动。因此，每一个人都不要轻易否定自己。你要相信一句话，“天生我材必有用”，只有满怀信心，不断地给自己制定新目标，才能勇往直前，保持领先，创造一个个你原本不敢想象的奇迹。

每个人都可以使企业有所变化

在企业的发展过程中，员工并不是，也不应该成为一个旁观者，因为这并不是企业在养员工，而是员工借助企业这一平台在创造自己的事业。只有企业得到了良性发展，员工才有可能获得更大的成就与更多的机会。因此，员工要想企业之所想，急企业之所急，用自己的努力推动企业进步。

在危机四伏的市场中，员工更要相信自己、竭尽全力，与企业一起度过经济寒冬，迎接经济复苏的春天。世上无难事，只怕有心人，只要你肯努力，你会发现自己也是可以帮助企业渡过难关、向前发展的人。

2005年4月19日，央视一套《焦点访谈》栏目报道了“牛仔裤专家邓建军”。

邓建军是江苏常州黑牡丹（集团）股份有限公司的高级技工，是新世纪全国首批七个“能工巧匠”之一，是全国职工职业道德建设“十佳标兵”，曾两次受到胡锦涛总书记的接见。

是什么让邓建军在一个普普通通的岗位上，获得如此多的荣誉呢？

这一切得益于他用创新在自己平凡的岗位上做出了令人刮目相看的成绩。

黑牡丹公司董事长曹德法曾经激动不已地说：“没有邓建军示范带动的科研团队，我们的企业可能就没有今天！”

邓建军刚刚参加工作那几年，是中国纺织企业正告别传统“金梭银梭”的年代，国内企业特别缺少机电一体化的技术工人。黑牡丹公司有一批进口剑杆织机急需改造，邓建军兴冲冲地接手了任务，但现场看过以后，心底不禁冒出一股凉气。几十台机器的各种电气线路如一团乱麻，图纸不知去向。一块线路板有2000多个点需要一一测试、分析、测算，要想改造这些进口货，任务十分艰巨。

他一咬牙，从最基础的制图开始做起，每天蹲在机器边14个小时以上。经过他一番创造性的努力，这些机器终于改造好了，为企业节省了大笔的资金。

在工作的16年中，邓建军一直努力为企业创造效益，并把此当做自己义不容辞的责任。

2002年8月，世界流行的新产品“竹节牛仔布”在黑牡丹公司遭遇生产告急，如不能按期交货，公司不仅会丢掉400万美元的订单外加付违约金，还要将市场拱手让人。

邓建军急了，他带着科研小组奋战15个昼夜，自行设计安装了4台分经机，成本仅为进口设备的1/8，保证了公司按时交货。客户满意之余，又续签了800余万元的新订单。

一提起染浆联合机的4次改造，董事长曹德法就念念不忘邓建军。他说："邓建军所带领的团队解决了连续生产不用停车这一难题，仅此一项就为企业创造经济效益3000多万元。"

在这项艰巨的任务面前，邓建军不过是普通的一名员工，更何况，他才参加工作不久。但是他没有选择逃避，因为公司的利益就是自己的利益，他没有丧失信心，因为他相信可以通过努力让公司发生改变。结果，凭借过人的毅力与创新精神，他如愿以偿，帮助企业渡过了难关。因此，员工不仅要关心企业的发展，心忧企业的兴衰，更要相信自己，用自己的努力去改变公司。要做到这一点，方法并不难找，关键是要干一行，爱一行。下面这个真实的案例就是绝佳的证明。

重庆煤炭集团永荣电厂的罗国洲，是一名有着30年工龄的普通而不平凡的员工，从烧锅炉的工人到司炉长、班长、大班长，至今他仍深爱着陪伴他成长并成熟的锅炉运行岗位。就是在这个岗位上，他当上了锅炉技师，成为国内远近闻名的"锅炉点火大王"和锅炉"找漏高手"；就是这个岗位，让他感受到了一名工人技师的荣耀和自豪。

罗国洲有一副听漏的"神耳"，只要围着锅炉转上一圈，就能在炉内的风声、水声、燃烧声和其他声音中，准确地听出锅炉受热面是哪个部位管子有泄漏声；往表盘前一坐，就能在各种参数的细微变化中，准确判断出哪个部位有泄漏点。

除了找漏，罗国洲还练就了一手锅炉点火、锅炉燃烧调整的绝活，在用火、压火、配风、启停等多方面，他都有独到见解。锅炉飞灰回燃不畅，他提出技术改造和加强投运管理建议，实施后使飞灰含碳量平均降低到8%以下，锅炉热效率提高了4%，为企业年节约32万元。针对锅炉传统运行除灰方式存在的问题，罗

国洲提出“恒料层”运行，经实施，解决了负荷大起大落问题，使标煤耗下降0.4克/千瓦时，年节约200多万元。

罗国洲学历不高、工种一般、职务很低，却成为社会公认的技术能手和创新能手。他的成长经历给我们的启迪就是：干一行，爱一行，精一行，只要努力，就会有收获，就能够帮助企业向前发展！在金融危机的冲击下，优秀的员工选择的不是离开，而是留下来与企业同舟共济，用自己的努力帮助企业渡过难关。他们相信自己、热爱工作，用辛勤的劳动提升自我，从而使自己成为一名可以切切实实帮助企业、能使公司有所变化的人。这样的员工永远是企业发展的灵魂，是老板最为青睐的职场“红人”。

做能够改变公司“气候”的人

企业最需要什么样的人？

有人说，是“有用”的人，但是关于它的界定纷争不止。对于自信的人来说，这个问题则不难解答，因为他不仅要做一个能够胜任工作的人，还要影响他人，做一个能够改变公司“气候”的人。每个公司都像一片小丛林，有着自己独特的“自然气候”，或表现为消极低迷，或表现为积极向上，或表现为派别林立，或表现为团结合作。自信的员工相信，凭借自己的努力，一定可以影响他人，把整个公司的“气候”往好的方向扭转，而不仅仅是做个“独行客”或者“职场摆设”。

晓月在学校时是有名的才女，她不但无所不通，论口才与文采也是无人可与之媲美的。大学毕业后，在学校的极力推荐下，她去了一家小有名气的公司。

公司每周都要召开一次例会，讨论公司计划，每次开会很多人都争先恐后地表达自己的观点和想法，只有她总是悄无声息地坐在那里一言不发。她原本有很多好的想法和创意，但是她有些顾虑，一是怕自己刚刚到这里便“妄开言论”，会被人认为是张扬，是锋芒毕露；二是怕自己的思路不合领导的口味，被人看做是幼稚。就这样，在沉默中她度过了一次又一次激烈的争辩会。有一天，她突然发现，这里的人们都在力陈自己的观点，似乎已经把她遗忘了。于是她开始考虑要扭转这种局面，但一切为时已晚，没有人再愿意听她的声音了，在所有人的心中，她已经根深蒂固地成了一个没有实力的花瓶人物。最后，她失去了这份工作。

可以说，晓月的失业完全是场悲剧，而这场悲剧的“导演”就是她自己。她才华横溢，却不懂得及时地将它予以转化，而是任由自己变成一个众人眼中的花瓶。对于一家公司来说，一名员工如果无法在日常的工作中发挥效用，那他便失去了价值。当金融风暴袭来，公司这条船亟须“减负”的时候，这些人理所当然地成为第一批被抛弃的人。因此，你如果想避免被抛弃的命运，甚至成为职场的成功者，你首先就要相信自己、改变自己，使自己成为一个有用的人，一个可以改变公司“气候”的人。事实上，这种变化并不难做到。

严玉是一名刚刚走出校园的大学生，他到一家钢铁公司工作还不到一个月，就发现很多炼铁的矿石并没有得到充分的冶炼，一些矿石中还残留着没有被冶炼充分的铁。如果这样下去的话，公司会遭受很大的损失。于是，他找到了负责这项工作的工人，跟他说明了问题。

不料，这位工人说道：“如果技术出了问题，工程师一定会跟我说，现在还没有哪一位工程师向我说明这个问题，那就是说现在没有问题。”

严玉又找到了负责技术的工程师，对工程师说明了他看到的问题。工程师很自负地说：“我们的技术是世界上一流的，怎么可能会有这样的问题？”工程师并没有把严玉说的看成是一个很大的问题，还暗自认为，一个刚刚毕业的大学生，能明白多少，不过是因为想博得别人的好感而表现自己吧。

但严玉认为这是个很严重的问题，于是拿着没有冶炼充分的矿石找到了公司负责技术的总工程师，他说：“先生，我认为这是一块没有冶炼充分的矿石，您认为呢？”

总工程师看了一眼，说：“没错，年轻人你说得对。哪来的矿石？”

严玉说：“是我们公司的。”

“怎么会，我们公司的技术是一流的，怎么可能会有这样的问题？”总工程师很诧异。

“工程师也这么说，但事实确实如此。” 严玉坚持道。

“看来是出问题了。怎么没有人向我反映？”总工程师有些生气了。

总工程师召集负责技术的工程师来到车间，果然发现了一些冶炼并不充分的矿石。经过检查发现，原来是监测机器的某个零件出现了问题，才导致了冶炼的不充分。

公司的总经理知道这件事之后，不但奖励了严玉，还晋升他为负责技术监督的工程师。总经理不无感慨地说：“我们公司并不缺少工程师，但缺少认真负责的人，这么多的工程师就没有一个人发现问题，并且有人提出了问题，他们还不以为然。我发现，咱们公司弥漫着一股极为消极懈怠的气氛。对于一个公司来讲，人才是重要的，但是如果整体氛围不好的话，人才就无法形成一个团队，就无法为公司创造业绩。严玉虽然刚来公司不久，但他有股较真的劲儿，我希望他能够成为一条鲇鱼，彻底激活公司这潭死水。”

严玉从一名普通的职场新人变成职场“红人”，根本的原因就是他从不小看自己，而是站在公司的角度认真负责，用自己的努力去影响乃至改变整个公司的工作氛围。在任何一家企业里，最受老板欢迎的永远是那些能够为企业创造价值的员工，这种价值不仅包括他自身的工作，还包括他对其他员工的影响。管理学家认为，老板在升职和加薪时考虑最多的，往往并不是一位员工的本职工作做得多好，甚至也不是员工曾经取得的成绩，而是考虑一位员工对于企业的未来有没有帮助。所以，努力成为能够改变公司“气候”的员工，会给你带来更多的提升机会。

相信自己，你也可以拉着企业奔跑

在工作中，也有不少人想与公司共同进退、协同作战，可是他们又觉得没有信心：我真的有那么强的能力吗？其实，他们只是还不习惯正视自己的力量与潜能罢了。

在企业中，员工可以分为三种：不胜任自己工作的人、将工作做得很好的人，以及不但自己优秀，还能带动周围人为企业创造无限价值的人。第一种人终将被企业淘汰，第二种人是受企业欢迎的人，第三种人是拉着企业奔跑的人。要知道，只要有信心，只要肯努力，我们每个人都能使公司有所变化。我们不但要受企业欢迎，更要拉着企业奔跑。

曾位列香港富豪榜第三的郑裕彤集“珠宝大王”、“地产大鳄”、“酒店巨子”等头衔于一身，是香港金行龙头老大“周大福”的掌门人。

20世纪50年代，他涉足房地产，收获颇丰。他兴建、收购、管理的酒店有百余家之多，形成了一个环球酒店王国。在商界，他因敢作敢为、决策大胆，被称为“鲨胆大亨”。

郑裕彤之所以能有如此的成就，是因为他从不怀疑自己的能力，总是充满自信地拼搏、努力，也正是这种自信和努力让他有了更多成功的机会。

1925年8月26日，郑裕彤出生于一户贫寒的家庭。为了养家糊口，小学毕业后，郑裕彤就走上了打工的道路。

1940年，15岁的郑裕彤便到父亲的朋友周至元所开的“周大福金铺”去当学徒。他从杂役做起，每日早早赶到金铺扫地、抹灰、倒痰盂、洗厕所。等收拾停当了，其他伙计才姗姗而来，开铺门做生意。那时，在店里做事的伙计都希望自己将来有朝一日能出人头地，郑裕彤也不例外。但郑裕彤与一般的伙计不一样，他特别爱动脑筋，总比别人想得更多，什么事情到他手里总会给人出乎意料的结果。他相信，只要自己肯用心，一定可以让金铺快速发展起来，从而为自己赢得更多成功的机会。

一天，周老板派郑裕彤去码头接一位香港亲戚。这时候，有一位南洋侨商上码头后，就向人打听上哪儿能兑换港币。郑裕彤灵机一动，就走上前说周大福金铺可以兑换，价格也最公道，随即，郑裕彤就把这位侨商带进了周大福金铺，之后又赶回码头接香港来的东家亲戚。郑裕彤的这一举动得到了周老板的肯定，周老板也慢慢地留意起这个有心的小伙计。

还有一次，伙计们开工好一会儿了，郑裕彤才气喘吁吁地跑进来。周老板很奇怪，郑裕彤平日里比谁都早到啊。于是他把郑裕彤叫到办公室，打算问个究竟：

“你从哪里来？为什么迟到了？”

“我看人家珠宝行做生意去了。”

周老板心里暗暗吃惊，郑裕彤可着实不同于一般的埋头苦干闷不出声的伙计啊。但是他不动声色，仍继续问：

“那你说说，你看出什么名堂没有？”

“我看别人家的生意做得比我们精明，只要客人一踏进店门，店里的老板、伙计总是笑脸相迎，有问必答；无论生意大小，一视同仁；即使这回生意做不成，但给人家留下了一个好印象，下回还会光顾！”

周老板听了之后十分高兴，他当然明白，这些都是经商的诀窍，能从一个小学徒口中说出来，真是难能可贵。他沉吟片刻，又问：“就这些吗？”

“当然还有，店铺一定要选在生意旺地，门面要装潢得新颖别致，珠宝行和金铺更要豪华气派，不能简陋。”郑裕彤说道。

郑裕彤这一席话让老板对他更是刮目相看，老板认定这个小伙计将来必定大有前途。自那以后，周老板总是有意识地培养郑裕彤，提拔他当店里的主管，让他能施展才华，还把自己的宝贝女儿嫁给了他，以便他能更踏实地替自己打理生意。

再后来，郑裕彤的机会便不请自来。1945年，周老板让郑裕彤到香港大道去开设一家分店，郑裕彤欣然接受了这个任务。

为了显示出周大福金铺的富贵气派，郑裕彤几乎跑遍了港九所有的金银珠宝行，集各家所长后，推出了一流的装修。不久，分店的经营就走上了正轨，营业额也日涨月升。后来，周老板便把经营权交给了郑裕彤。至此，周大福金铺实际上已经是郑裕彤独掌大旗。在郑裕彤的管理下，现在的周大福已经成为珠宝行和金铺的代名词。

这不仅仅是周大福的成功，更是郑裕彤的成功。自信、努力的郑裕彤在成就金铺的同时，也成就了自己——这便是员工拉着企业奔跑的双赢哲学。

作为有信心的员工，我们也应做出这种明智的选择：不只做受企业欢迎的人，更要做拉着企业奔跑的人。拉着企业奔跑是一种使命，企业的生存与发展呼唤更多拉着企业奔跑的人诞生；拉着企业奔跑是一种精神，那是一种更主动、更敬业、更专注的精神；拉着企业奔跑是一种职业素养，是一种将个人的命运与企业的命运紧紧相连、把工作当做事业来做的品质。满怀信心，拉着企业奔跑，不但可以为企业带来丰厚的收益，他们自己也能够成为最终的受益者。他们不但能在激烈的竞争中胜出，而且能够树立自己的职业品牌，成就常青的职业。

你的成功没有上限

在工作中，你或许听说过“跳蚤效应”这个词。其实，“跳蚤效应”来源于一个有趣的实验：

> 生物学家曾经将跳蚤随意向地上一抛，它能从地面上跳起一米多高。如果在一米高的地方放个盖子，这时跳蚤跳起来会撞到盖子，倘若让它一再地撞到盖子，过一段时间后，你拿掉盖子，就会发现，虽然跳蚤继续在跳，但已经不能跳到一米高以上了，直至生命结束都是如此。

为什么会出现这种奇特的现象呢？理由很简单，跳蚤已经调整了自己跳的高度，而且适应了这种情况，不再改变。人也是如此，你给自己预设了什么样的目标，就会导致什么样的人生。很多人也懂得自己最喜欢做什么、最想要做什么，但迟迟无法付诸行动，其中最根本的原因就是他们像这些跳蚤一样，给自己的成功设置了上限。自我设限的结果便是导致自己无法实现突破，甚至无可奈何地走向“死亡”。

一个小孩在看完马戏团的精彩表演后，随着父亲到帐篷外拿干草喂养表演完的动物。

小孩注意到一旁的大象群，问父亲：“爸，大象那么有力气，为什么它们的脚上只系着一条小小的铁链，难道它无法挣开那条铁链逃脱吗？”

父亲笑了笑，耐心地为孩子解释：“没错，大象是挣不开那条细细的铁链的。在大象还小的时候，驯兽师就用同样的铁链来系住小象，那时候的小象力气还不够大，它起初也想挣脱铁链的束缚，可是试过几次之后，知道自己的力气不足以挣开铁链，也就放弃了挣脱的念头。等小象长成大象后，它就甘心受那条铁链的束缚，而不再想逃脱了。”

正当父亲解说之际，马戏团里失火了，大火随着草料、帐篷等物燃烧得十分迅速，蔓延到了动物的休息区。

动物们受火势所逼，十分焦躁不安，而大象更是频频跺脚，仍是挣不开脚上的铁链。

火势终于逼近大象，只见一只大象已被火烧着，灼痛之余，猛然一抬脚，竟轻易将脚上的铁链挣断，迅速奔逃至安全的地方。其他的大象，有一两只见同伴挣断铁链逃脱，立刻也模仿它的动作，用力挣断铁链。剩余的大象却不敢尝试，只是不断地焦急转圈跺脚，最后，遭大火袭击，无一幸存。

对于员工而言，工作中的困难又何尝不是一场“大火”呢？在这场

“大火”面前，不同的人会有不同的选择，有的像被灼伤的大象一样，被迫突破自我，却意外地逃过一劫；有的人则像那些至死也不敢尝试的大象一般，一直不相信自己的能力，觉得自己永远无法挣脱小小铁链的束缚，结果葬身火海。

其实，无论工作中有没有危机，我们都应该相信自己，勇于超越自我，不断提升自己。一个人的潜能是无限的，我们所开发的不过是其中相当小的一部分；事业的舞台也是无限的，我们所占据的只是其中小小的一角。唯有远在“大火”烧到身上之前，我们就开始突破自我，才不至于给自己的成功设置上限。

一天，一家公司的总经理叮嘱全体员工：“谁也不要走进8楼那个没挂门牌的房间。”但他没解释为什么。在这家效益不错的公司里，员工们都习惯于服从，大家牢牢记住了领导的吩咐，谁也不去那个房间。

一个月后，公司又招聘了一批年轻人，同样的话，总经理又向新员工说了一遍。这时，有个年轻人在下面小声嘀咕了一句：“为什么？”

总经理看了他一眼，满脸严肃地回答：“不为什么。”

回到岗位上，那个年轻人的脑子里还在不停地闪现着那个神秘的房间：又不是公司部门的办公用房，又不是什么重要机密存放地，为什么要有这样的吩咐呢？年轻人想去敲门看看到底是怎么回事。

同事们纷纷劝他，冒这个险干吗，不听经理的话没有好果子吃的，这份工作来之不易呀！

小伙子来了牛脾气，执意要去看个究竟。

他轻轻地叩门，没有人应声。他随手一推，门开了，不大的房间中只有一张桌子，桌子上放着一张纸条，上面用红笔写着几个字：“拿这张纸条给总经理。”

小伙子很失望，但既然做了，就做到底，他拿着纸条去了总经理办公室。当他从总经理办公室出来时，不但没有被解雇，反而被任命为销售部经理。

“销售是最需要创造力的工作，只有不被条条框框限制住的人才能胜任。”总经理给了大家这样一个解释。后来，那个小伙子果然没有让总经理失望。

人称“打工皇帝”、“中国第一职业经理”的唐骏在担任微软（中国）总裁的时候，给应聘者设置过无数稀奇古怪的面试题目，但他自己并不看重这些题目的答案。在他看来，这些题目根本没有标准答案，甚至连正确的解答都没有。那他想借此测试什么呢？比起答案来，唐骏更看重的是过程。他说，在解题的过程中，一个人所表现出来的特质决定了他是否能胜任这份工作，而其中最重要的特质便是能否突破自我。在上述例子中的那家公司，总经理给大家设置的题目就跟唐骏的面试题一样，测的不过是员工对自我的限制程度。很多工作需要我们不断地突破自我、努力开拓，唯有那些从不给自己设限的人才能胜任。从这个角度来说，只有那些充满信心的人，才是没有成功上限的职场英雄。

第七章 将信心化为责任，融入工作的点点滴滴

“一屋不扫，何以扫天下？”真正有信心、有实力的人从来不会认为自己所从事的工作是卑微的，他们永远对工作保持一份敬畏之情，认真、负责地做好工作中的每一件小事。信心就如同一粒种子，在工作中播种自信，自然会收获累累硕果。工作中，很多人因为没有信心，所以无法坚持；因为没有信心，所以不肯敬业。对于一名员工来说，真正的自信就是立足岗位，尽职尽责，就是力求把工作做到最好，将信心融入工作的点点滴滴。

责任是对信心的一种坚守

一个有信心的人也必定是一个积极主动的人，他在企业最需要的时候会挺身而出，在企业最困难的时候能坚持到底。他会非常执著，不到最后时刻绝不放弃，不完成任务绝不中途后退——这便是责任意识。责任是一名员工必不可少的素质，也是对信心的一种坚守。因为在尽职尽责的过程中，自信的员工肯定会想尽一切办法尽快地完成企业交给的任务，而企业也乐于把更多的机会交给这样的人。

一家人力资源部主管正在对应聘者进行面试。除了专业知识方面的问题之外，还有一道在很多应聘者看来似乎是小孩子都能回答的问题。不过正是这个问题将很多人拒于公司的大门之外。

题目是这样的：

在你面前有两种选择，第一种选择是，担两担水上山给山上的树浇水，你有这个能力完成，但会很费劲。还有一种选择是，担一担水上山，你会轻松自如，而且你还有时间回家睡一觉。你会选择哪一个？

很多人都选择了第二种。

人力资源部主管问道：“担一担水上山，你们没有想到这会让树苗缺水吗？”遗憾的是，很多人都没想到这个问题。

一个小伙子却选了第一种做法，当人力资源部主管问他为什么时，他说：“担两担水虽然很辛苦，但这是我能做到的，既

然能做到的事为什么不去做呢？何况，让树苗多喝一些水，它们就会长得很好。为什么不这么做呢？”

最后，只有这个小伙子被留了下来。

人力资源部主管是这么解释的：“一个人有能力或者通过一些努力就有能力承担两份责任，他却不愿意这么做，而只选择承担一份责任，因为这样可以不必努力，而且很轻松。这样的人，我们可以认为他是一个缺乏责任感的人。”

有时候，问题就是这么简单。没有责任感的人是不受欢迎的，或者说，有责任感的人在职场中才是受青睐的。一名员工有信心，便要善于在坚守责任的过程中将它升华，从而为自己赢得更多、更好的机会。

在很多人眼里，子敏的运气特别好。

她的学历在这个行业里并不占什么优势，长相一般，个性也不张扬，但她进入公司后两年时间内，在每一个部门都做得有声有色，并得到了稳步升迁。关于她的升迁，有各种各样的说法，大致上都有这么一点共识，就是好运气眷顾了她，给了她得天独厚的机会，否则她怎么可能从人事部文员做到营销部经理，一路绿灯、一路凯歌呢？

只有她自己清楚，成功是怎么得来的。

进入这家大公司的时候，学历优势并不明显的她先被分到人事部，做一个不起眼的文员。

在那个部门，有的是能言善道、八面玲珑的女孩子和深谙权术、势利、平庸的男人，但子敏从不招惹是非，只是恪尽职守。有时候，发现别人输错了数据，她就悄悄地改过来，从不大肆渲染。领导让她做什么，她就竭尽所能，在第一时间做到让人无可挑剔。别人扎堆抱怨工作百无聊赖、老板苛刻或地铁太挤时，她却在悄悄熟悉公司的部门、产品以及主要客户的情况。子敏相信，只要自己坚持做好每一份工作，把责任落到实际，就一定可以获得更多的机会。

有一次，营销部经理经过子敏的办公室，看到她在处理一件小事情，很欣赏她所表现出的责任感，就打报告调她去顶他们部门的一个空缺。

营销部令子敏的世界骤然广阔起来。同原先一样，对未来充满信心的她还是选择主动担责，默默地努力着。每当累得想要偷一会儿懒的时候，她总会想起父亲的教导：天下没有免费的午餐，一个人想要成就多大的事业，就看他有多大的信心，能够承担起多大的责任！

由于子敏总是部门里最吃苦耐劳、最有责任心的人，她赢得了不少机会，进步得也很快。半年后，她凭借几份扎实的调查分析报告为自己赢得了一片喝彩。一年后，她便成了营销部举足轻重的人物。看到她在会议上气定神闲、无懈可击的发言，原来人事部的同事不禁大跌眼镜。

刚刚荣升营销部经理不久，老板便请她喝茶，问她愿不愿意接受挑战，去情况并不乐观的北方分公司。自信的子敏毫不犹豫地答应了，因为她有成功的“法宝”。

到了北方分公司之后，子敏发现第一销售处的情况最糟糕，库存严重积压，没人愿意处理此事。她又拿出了惯有的工作干劲，主动寻找方法，承担起第一销售处的重任，开始了工作的第一步。

她借了一辆自行车，一个人找产品的代理商去了解产品滞销的原因，寻找突破口。

有一次，她去拜访某局长，无意中听到他与同业内另一位局长在打电话，谈论第二天去某风景点开会的消息。子敏回公司后

做的第一件事情，就是查找他们在开会地点入住的酒店。第二天傍晚，一身旅行装束的子敏与局长们相遇在酒店大堂里，她是来自助旅游的，显然醉翁之意不在酒，但谁也没有看出来，或者说年长的局长们涵养好，不忍心揭穿她。

几天下来，他们邀请她一起参加活动，唱歌、打牌、聚餐。再后来，认识她的人同她关系更密切了，原先不认识她的人也慢慢接纳她了，她的客户名单上增加了强势的一群人。事隔三周，她就从中寻找到了合适的客户，拿到了第一张大订单。

几个月后，经过子敏的不断努力，情况开始明显好转，同事们的积极性也被充分调动起来，她的信心感染了每一个人，而她的责任感也带动了大家。半年后，第一销售处不仅解决了库存积压严重的问题，而且成了北方分公司里的销售亚军。这时候，子敏也随着一纸调令，成了北方分公司的总经理。

谈到成功的话题，我们每个人都可能深有感触。但无论是哪一条道路，都绕不开“责任”二字。我们说在危机面前要保持信心，体现在哪里？就体现在对责任的坚守当中！一个人能有多大的事业舞台，往往取决于他有多大的责任心。每个有信心的员工只有从心底真正对工作负起责任，才有可能得到更多的机会与平台，进而走向成功。

职位无高低，责任无小事

有些人对未来充满信心，对企业也抱有极大的期望，但就是对自己的工作缺乏应有的信心。他们认为，自己目前所从事的工作实在微不足道，做好做坏一个样，无损大局。但就是这种想法阻碍他们向前发展，甚至导致了许多悲剧的发生！真正有信心的人从不认为自己所从事的工作是卑微的，而是认为职位没有高低之分，在责任面前，自己要永远保持一份敬畏之情，认真把它做好。“一屋不扫，何以扫天下！”唯有充满信心，认真地把每一件小事做好，员工才能迎来职场的春天。

许多年前，在日本，一个年轻女孩来到一家著名的酒店应聘服务员。这是她走出校门后的第一份工作，她将在这里正式步入社会，迈出她人生关键的第一步。

没想到在新员工受训期间，主管竟然安排她洗马桶，而且对工作质量要求高得吓人：必须把马桶擦洗得光洁如新！

说实话，洗马桶的工作使她难以承受。当她拿着抹布伸向马桶时，胃里立刻一阵翻腾，恶心得想吐却又吐不出来。

为此，她心灰意冷，面临着自己人生第一步应该怎样走下去的选择：是继续干下去，还是另谋职业？

就在此时，一位同酒店的前辈及时出现在她的面前。这位前辈并没有用空洞的理论去说教，而是亲自为她演示了一遍洗马桶的过程。前辈一遍遍地擦洗着马桶，直到擦洗得光洁如新，最后竟从马桶里盛了一杯水，一饮而尽！

她看得目瞪口呆，在前辈鼓励的目光下，她如梦初醒！她意识到是自己的工作态度出了问题，于是痛下决心：“就算一辈子洗马桶，也要做一个洗马桶最出色的人！”

从那以后，她仿佛脱胎换骨，全身心地投入工作中，她的工作质量也达到了无可挑剔的高水准。为了检验自己的信心，为了证实自己的工作质量，也为了强化自己的敬业心，她也曾喝过马桶里的水。她很成功地迈出了人生的第一步，从此，她踏上了成功之旅。

多年以后，这个当年洗马桶的日本女孩，成了日本政府的邮政大臣，她的名字叫野田圣子。

成功者必定是对自己的工作抱有极大信心与责任感的人。他们从不怀疑自己所从事的工作，以及自己在这方面可能做出的业绩。事实上，唯有在完成手头工作的基础上，才能获得更多的机会。所谓“机会只给有准备的人”，说的便是这个道理。

一位纽约的百万富翁在回顾自己的成功历程时说，当年，他在一家百货公司的薪水最初只有每周7.5美元，后来一下子就涨到了每年10000美元，而这之间没有任何的过渡。没过多久，他还成了这家百货公司的合伙人。那么，他是怎么做到的？

原来，刚去公司的时候，他和公司签订了5年的工作合约，约定这5年内薪水保持不变。但他暗下决心：绝不满足于这每周7.5美元的微薄薪水，绝不能就此不思进取。他一定要让老板知道，他绝不比公司中的任何一个人逊色，他是最优秀的人。

他的工作质量很快引起了周围人的注意。3年之后，他已经如鱼得水、游刃有余，以至于另一家公司愿意以3000美元的年薪，聘用他为海外采购员。但他并没有向老板提及此事，在5年的期限结束之前，他甚至从未向老板暗示过要终止工作合约。也许有很多人会说，不接受如此优厚的条件，他实在是太愚蠢了。但是，在5年的合同到期之后，他所在的公司给予了他每年10000美元的高薪，后来他还成了该公司的合伙人。

他的老板很清楚，这5年来他所付出的劳动要比他所领的薪水高出数倍，理所当然，他成为一个获利者。假如他当时对自己说："每周7.5美元的工资，他们只给我这么多，而我也就只拿这么多好了。既然我只领着每周7.5美元的薪酬，那么我何必去考虑每周50美元的业绩呢？"如果那样，你说结局会怎样？

遗憾的是，这恰恰是许多人的想法。他们信心百倍，却不注重从手头的工作做起，而是满心期待着有一个更好的机会从天而降，让自己一展身手。但是他们忘了，一个无法做好小事的人也必定无法做成大事，因为他缺乏实干精神，更缺乏一种对小事负责到底的责任意识。这样的信心就像建立在沙地上的建筑一样，缺乏扎实的基础，终究会有倾覆的危险。因此，奉劝那些有信心的人，别忘了从小事做起，从做好手头的每一份工作开始。

立足岗位，将工作做到最棒就是胜利

俗话说得好，"干一行，爱一行"。对于优秀的员工来说，这绝不是一句空话，而是一种实实在在的成功经验。从你选择了一家企业的那一天起，便要树立起正确的工作心态，立足于岗位，把工作做到最棒。纵使前方崎岖坎坷，你也要走下去，否则，你便是在浪费生命，既耽误了工作，也耽误了自己，甚至白白错过了许多发展良机，更不用说如何去应对危机了。

卡兰妮刚到公司上班时，干劲特别足，每天干的活一点也不比老职员少。两个多月以后，她觉得凭借自己的能力已可以在公司独当一面，完全可以获得更高的薪水，老板应该提前给她加薪才是，而不必非要等到半年以后。

自从产生这个想法以后，卡兰妮对工作的态度发生了180度的大转变，对于上司交代的各项任务，她不再像以前那样认真、细致地完成。月末单位赶制财务报表需要加班加点时，她甚至对同事们说："你们加班是应该的，我的任务我在白天已经完成了。"言下之意，自己的薪水低，没必要和高薪者一起加班。她还半真半假地说道："半年后，说不定我就会与你们一道并肩作战了。"当然，这一切逃不过老板的火眼金睛。

半年过去了，老板丝毫没有给卡兰妮加薪的意思，她一气之下离开了那家公司。

后来，同事跟她私下聊天："真遗憾，你白白地失去了一个加薪晋升的良机。老板看你工作扎实，业务能力又强，本来想在第三个月提前给你加薪，甚至还有意在半年后提拔你为主办会计。"得知这一切的卡兰妮心中悔恨不已，但为时已晚。

卡兰妮的失败令人扼腕，因为她原本可以做得更好，取得同事们所羡慕的成就，但在关键时刻，她放弃了，选择了敷衍塞责，得过且过。不可否认，工作的报酬总是比付出来得更晚一些，但这就跟农民种庄稼是一个道理，只要你付出了，你就会有收获。有很多人因为急功近利，等不到秋天来临就停止了努力，结果前功尽弃。其实这也是缺乏信心的表现，因为没有信心，所以无法坚持；因为没有信心，所以不肯敬业。

事实证明，只有那些高度自觉、负责到底的人，才有机会提升能力、获得赏识，并最终取得成功。在金融危机的冲击下，我们信心百倍的根基在哪里？其实就是立足岗位，就是力求把工作做到最好。尽心尽力，尽职尽责，这便是胜利，这是一名员工应有的职业态度。选一行，我们就得爱一行，哪怕是当一天和尚，也要坚持撞好一天的钟。

同仁堂下属的药材公司就有这么一位坚持撞好每一天钟的

人物，他叫郭金生，人称“药材质检界的包青天”。

2003年，“非典”疫情在北京蔓延期间，药材公司承担了“非典”用药任务。在防“非典”八味方推出后，北京开始出现了抢购风潮，药品供不应求。当时，供应价格每天看涨，质量却参差不齐，鱼目混珠的现象不时发生。郭金生负责此次药品检验工作。

有一天，郭金生的一位大学同学打电话找到他，说要请他一起聚聚。郭金生去赴了约，在寒暄、回顾学生时代之后，郭金生才明白这次聚会远没有他想象的那么简单。

原来，这位同学是来帮别人当说客的。三周之前，同仁堂准备从一家公司买入药材，在验货时，郭金生发现这批货有严重的质量问题，以次充好，肯定是那家公司在搞鬼，想趁着“非典”的时机“浑水摸鱼”。自然，郭金生将这批药材挡在了门外。而那家公司的老板，就是面前这位同学的小舅子。

面对着四年同窗情，面对老同学的苦口婆心，面对对方隐约透露的回扣，郭金生毅然拒绝了同学的请求。

郭金生边给同学斟酒边说：“哥们儿，今天这顿饭我请你，算我给你赔罪，你说的那件事，我不能办。我知道你这个说客夹在中间也不好做，但是，你要想想啊，那是什么？是药啊，是救人的！如果我接了这批劣质药材，生产出的东西弄不好会吃死人的啊！你知道吗？我每一次检验药材，就像在检验我自己的良心，我不能对不起我的良心，我也不能让假药、劣药从我手中溜走。希望你能理解我啊！”就这样，又一批劣质药材被郭金生挡在了大门之外。

后来，郭金生在领导的推荐下，晋升为高级工，并荣获“北京市高级技术能手”称号。

同仁堂自古有着“炮制虽繁必不敢省人工，品味虽贵必不敢减物力”的堂训，讲求“质量即是生命，责任重于泰山”。同

仁堂发展至今已300余年，历代成员都严格遵守古训，同仁堂的文化与声誉也就在一个个“郭金生”的行动中代代传承。

如果我们在工作中都能像郭金生一样，只要在岗一天，就坚持做好一天的工作，那么企业就会拥有最为强大的执行力和竞争力，而员工也会随企业的发展而有所提升。从这个角度来说，有信心的员工若能立足岗位，把工作做到最棒，便是最大的胜利。

工作中多一点许三多精神

随着《士兵突击》的热播，关于许三多和成才之间的对比也成为人们热议的话题。在金融危机的背景下，我们重温不抛弃、不放弃的许三多精神，将是一件很有意义的事情。哪怕是再有信心的员工，也必须依靠这种品质走向成功。

一开始，外号“一根筋”、“许木木”的许三多并不被人看好，而机灵精明的成才被视为最有可能进入老A特种部队的人。成才的口袋里总是准备着三种烟，10块的红塔山给排长、连长，5块的红河给班长、班副，2块的春城专门给战友。他是业务尖子，也是钢七连5000个兵里唯一主动跳槽的一个；在特种兵选拔中，他放弃战友独自跑向终点。成才处世圆滑、思维敏捷，信奉机会主义的生存之道，总试图通过捷径获取成功，但聪明反被聪明误，他在人生关口遭遇重大挫折，最后被打回草原五班重新开始。纵观这两人的成长历程，我们或许会有些新的启发：

许三多：新兵连→红三连五班→钢七连→参加老A选拔→进入老A特种部队。

成才：新兵连→钢七连→跳槽到红三连→红三连五班→参加老A选拔→因“战斗”中放弃被淘汰，回到红三连五班→再次参加老A选拔→进入老A特种部队。

不可否认，成才比许三多聪明得多。他做任何事情都有自己的目标，并时常开动脑筋，要些小聪明，但在走向成功的过程中，他却比许三多花了更多的时间与精力，原因无他，他缺乏负责到底、坚持到底的精神。相比之下，许三多虽然不如成才聪明，但他对任何事都有高度负责的精神，对每一件小事都投入全部的智慧与力量，直到完成为止。

有一段时间，班长甚至因为许三多的“呆”气得不行，想要通过罚他修路的方式让他有所触动，变得机灵，而不再像过去那么死脑筋。那是一条曾经动用了一个排都没修成的路，出人意料的是，许三多并没有知难而退，而是顶住压力接受了任务。结果，许三多不但修成了路，还在路旁种上了花草，让所有怀疑他的人都感到无比汗颜与钦佩。

许三多是个普通的士兵，没有多么远大的理想，也没有多么高尚的信念，只知道奉命行事。但他又是不平凡的兵，因为凡是交给他的任务，他都能负责到底、尽量完成。在他看来，“有意义的事就是好好活，好好活就是做有意义的事情”。恰是这种极朴素的理念帮他减少了外界的诱惑与干扰，取得了别人难以企及的成就。许多人之所以无法成功，就是因为他们太“聪明”了，太会投机取巧了，缺乏许三多精神。

无论是在平稳过渡的阶段，还是危机来临的今天，员工所需要的不正是这种精神吗？从企业的角度来说，它要发展、要壮大，始终离不开一群负责任的人。站在老板角度来看，一个能力一般但拥有强烈责任感的人远比一个能力非凡但不愿负责任的人强得多。职场中有些“聪明人”看似能力一流、自信满满，但每天不是在为多承担责任而斤斤计较，就是在为少承担责任而得意忘形，甚至嘲笑那些负责任的同事。企业或老板怎么可能指望和这种人共渡难关呢？

对工作不负责的人才是真正的傻子，看似有点“傻”气的苦干人员才是真正的人才，才能解决问题、办成大事。一名自信的员工不仅要保持乐观的精神状态，还要有不抛弃、不放弃的精神。这是任何一个有理想的员工都需要学习的“傻子”精神，也是我们度过这个冬天急需的“精神内衣”。

美国石油大亨约翰·洛克菲勒是标准石油公司的创始人，也是世界上第一位亿万富翁。16岁时，他为了得到一份“对得起所受教育”的工作，翻开克利夫兰全城的工商企业名录，仔细寻找知名度高的公司。每天早上，他离开住处，身穿黑色衣裤和高高的硬领西服，戴上黑领带，去赴每一个预约面试。他不怕被人拒之门外，日复一日地前往，一连坚持了6个星期。在走遍了全城所有大公司都被拒之门外的情况下，他并没有像很多人那样选择放弃，而是“敲开一个月前访问过的第一家公司”，从头再来。有些公司他甚至去了两三次，但谁也不想雇佣太年轻的人。洛克菲勒越是受到挫折，他的决心反而越坚定。

1855年9月26日上午，他走进一家从事农产品运输代理的公司，老板仔细看了他写的字，然后说：“留下来试试吧。”洛克菲勒脱下外衣，马上投入工作，工资的事只字未提。他过了三个月才收到第一笔补发的微薄的报酬。这就是洛克菲勒的第一份工作，是他自己都记不清被拒绝多少次后得到的工作。他一生都把9月26日当做“就业日”来庆祝，那份热情，胜过对待他自己的生日。

科学家钱学森说：“不要失去信心，只要坚持不懈，终会有成果的。”洛克菲勒的成功绝非偶然，因为他身上有着不同于常人的信心与毅力。他不计较工作中有多少麻烦，不在乎别人的怀疑与嘲讽，只是告诉自己，要有信心，再坚持一会儿。哪怕工作中碰到了再大的困难，他也绝不允许自己轻易放弃。“绳锯木断，水滴石穿”，正是这种不抛弃、不放弃的精神和满满的自信让他摘到了别人摘不到的成功果实。因此，我们不仅要充满信心，还要通过各种方式来锻炼我们的毅力，培养负责到底、坚持到底的精神。

在工作中，有不少人在遭受挫折的时候就选择了放弃，甚至一碰到困难就畏缩不前，这样的人是不可能取得成功的。一个人不仅要有梦想，要有信心，还要能够坚持下去。要知道，谁能坚持到底，谁就能看到胜利的曙光，谁就能获得最后的胜利果实。

第八章 变化的是环境，不变的是信心

一家企业要发展壮大，就必须拥有一批忠诚、能干的员工，无论发生什么情况，他们都能够相信企业，奋战到底。企业的愿景就是他们的职业目标，企业的规划就是他们的发展蓝图。事实上，只有每名员工都对企业充满信心，时刻与企业共进退，企业和员工才能共同迎来胜利的曙光。变化的是环境，不变的是信心。无论外界如何变化，我们都要保持良好的心态，对未来充满信心，这样我们才能够在困难和挑战中不断前进。

相信集体：团队在，胜利就在

一个企业的成功不是靠一个人或几个人能完成的，必须通过全体员工的努力。再有信心的人也必须意识到，在团队中既可以发挥每个人的最佳效能，又能产生最佳的群体效应。个体永远存在缺陷，而团队则可以创造完美。

下文中的法国队便是“完美团队”的杰出代表。

在一次世界杯上，当时，巴西队成为夺冠热门，被寄予厚望，因为巴西队拥有大小罗、卡卡、阿德里亚诺、罗比尼奥等明星球员，堪称“五星级”阵容。

在夺冠之路上，巴西队遭遇了法国队，令人始料未及的是，最终的结果是法国队以一个点球让巴西队止步八强，巴西夺冠梦想破灭。

为什么拥有明星阵容的巴西队会失败呢?

在赛前，球王贝利就曾经表示，他对巴西和法国的相遇有不祥的预感。罗西对这两队的评论可以为贝利这种不祥预感加上注脚，罗西说：“这次他们怎么看都不像一支强队，更像一群没有凝聚在一起的天才球员。”

因为足球从来不是单打独斗的项目，集体协作，发挥团队的效能，才有可能在风云变幻的世界杯赛场上占据优势。球星们在比赛中并没能显示出“五星级”的实力，核心球员状态低迷，球员之间各自为战，整体配合生涩，最终令实力强

大、光芒四射的巴西队与冠军擦肩而过。而法国队却能发挥团结协作的优势，聚集团队成员的所有力量，最终获得了胜利。

全队拧成一股绳,发挥团队的最大力量，这就是法国队获胜的秘诀!

美国国务活动家韦伯斯特有一句名言：“人们在一起可以做出单独一个人所不能做出的事业；智慧、双手、力量结合在一起几乎是万能的。”一个人只有融入团队才能生存、成长。放眼一流的工作团队，他们之所以出类拔萃，无非是他们的成员相信团队，抛开自我，一致为整体的目标奉献心力的结果。

美国生物学家沃森和英国生物物理学家克里克之间的默契合作一直被科学界传为佳话。他们之间的合作也是一个相互取长补短、共同进步的范例。

1953年3月7日，美国生物学家沃森和英国生物物理学家克里克日以继夜、废寝忘食地工作，终于将他们想象中的美丽无比的DNA模型搭建成功了。

沃森和克里克的这个模型正确地反映出了DNA的分子结构。此后，遗传学的历史和生物学的历史都从细胞阶段进入了分子阶段。

尽管沃森和克里克是相异的一对，但这并不妨碍他们之间完美的配合，他俩正像DNA链中的互补碱基一样。世界本是一个多样化的存在，沃森的浪漫思维和克里克的严谨推理恰好形成一个统一体，让他们共同摘取了科学的桂冠。

DNA结构的发现是科学史上最传奇的“章节”之一，沃森和克里克也因此打造了科学合作史上的“完美双璧”。

他们的性格并不相同，沃森的发散思维独步天下，经常能有异想天开的创举，对他来讲，没有思维和科学的框架，天马行空一样，根本不按常理出牌；而克里克正好相反，他以严谨的逻辑推理著称，没有经过严密的推理得出的结论，是不会被他认可的。

但是，他们确实是互补的一对。沃森的突发奇想，经过克里克的严密论证，促成了DNA双螺旋结构的问世。假设他们分开来研究，沃森只能终日沉浸在胡思乱想的美梦中，而克里克恐怕也只能在前人的理论基础中苦苦徘徊。

合作的重要性不只体现在科研领域，在企业的发展中也是至关重要的一个因素。每一个人，因为性格、学识、阅历等各方面的限制，都很难独立做成一项创造性的工作。

随着中国电子商务的不断发展，到今天，阿里巴巴已经拥有500万中小企业会员，每天的营业额为100万元。现在阿里巴巴已经实现每天缴税100万元，成长速度惊人。

它的成功秘诀在哪里？

对此，马云有话要说。他认为，成长型企业成功的第一原则就是：确定好自己想做的事情，然后坚持到底。第二个原则就是：打造一个明星团队。马云坦言，自己最欣赏的就是唐僧师徒团队。

“唐僧是一个好领导，他知道孙悟空要管紧，所以要会念紧箍咒；猪八戒小毛病多，但不会犯大错，偶尔批评批评就可以；沙僧则需要经常鼓励一番。这样，一个明星团队就形成了。”在马云看来，一个企业里不可能全是孙悟空，也不可能都是猪八戒，更不可能都是沙僧，“要是公司里的员工都像我这么能说，而且光说不干活，会非常可怕。我不懂电脑，销售也不在

行，但是公司里有人懂就行了”。

每个部门、每个员工都应从公司的整体利益出发，善于进行换位思考，发现别人的长处，取长补短，树立团队协作意识。同时，要不断培养作为企业员工的自豪感，让员工深刻体会到在这个集体中凭借着共同的努力可以战胜所有的困难，去实现员工自己的人生价值。

变的是环境，不变的是对企业的信心

一家企业要发展壮大，就必须拥有一批忠诚、能干的员工，无论发生什么情况，他们都能够相信企业，奋战到底。企业的愿景就是他们的职业目标，企业的规划就是他们的发展蓝图。唯有如此，企业才能成为一个团结有力的整体，员工才能保持良好稳定的工作状态，上下一心，共同应对各种困难与挑战。

李嘉诚早年开办塑胶厂的时候就曾因为经营不善陷入了巨大的危机当中。正当他一度困惑惶恐的时候，母亲告诉他要诚实为人、诚实经商。

李嘉诚觉得母亲的话是对的。第二天，他回到厂里，召集员工开会，坦率地承认自己经营错误，不仅拖垮了工厂，损害了工厂的信誉，还连累了员工。出人意料的是，员工并未选择离开，而是愿意留下来跟李嘉诚一起继续奋斗。因为从李嘉诚的一贯表现来看，他们觉得他是一个值得依赖的人，只要大家坚定信念，坚持下去，一定可以克服困难。

员工的意外反应给了李嘉诚很大鼓舞，他决定领导大家走出困境。在处理完厂里的事情之后，他逐一拜访银行、原料商、客户，向他们认错道歉，并保证在宽限期内一定偿还欠款，对该赔偿的罚款一定如数付账。他丝毫不隐瞒工厂面临的空前危机——随时都有倒闭的可能，恳切地向对方请教走出危机的对策。

李嘉诚的诚恳态度，使他得到大多数人的谅解。银行放宽偿还贷款的期限，但在未偿还贷款前，不再发放新贷款。原料商同样放宽付货款的期限，但长江厂需要再进原料，必须先付70%的货款。客户态度不一，但大部分还是做了不同程度的让步。李嘉诚的“负荆拜访”达到了初步目的。但是银行、原料商和客户，只给了他十分有限的回旋余地，形势仍很严峻。

在这种情况下，员工的信心发挥了关键作用。在李嘉诚的领导下，员工将积压产品迅速进行分类，然后贴上不同的标签销售出去，收回了一部分资金，缓解了工厂的燃眉之急。在这种气氛的影响下，一些原本对李嘉诚敬而远之的亲戚朋友也开始主动为他分担忧愁，安慰激励，献计献策，提供力所能及的帮助。

危难见人心。在危急时刻，员工因为对工厂抱有希望而不肯离去，合作伙伴因为对工厂怀有信心而选择留下，李嘉诚的亲戚朋友更是因为觉得工厂一定会出现转机而鼎力相助。俗话说，众人拾柴火焰高，凭着大家对工厂的信心，李嘉诚很快拿到了新订单，筹到购买原料、添置新机器的资金。一些被裁减的员工也回来上班，李嘉诚还补发了他们离厂阶段的工资。长江塑胶厂出现转机，产销渐入佳境。

1955年的一天，李嘉诚召集员工聚会。他首先向员工鞠了三躬，感谢大家的精诚合作，然后，他用难以抑制的喜悦之情宣布：“我们厂已基本还清各家的债款，昨天得到银行的通知，同

意为我们提供贷款。这表明，长江塑胶厂已走出困境，将进入柳暗花明的佳境。”话音刚落，员工们顿时沸腾起来。散会前，每个员工都得到一个红包，是由他亲自发放的。

其实，你也可以尝试着站在长江塑胶厂员工的角度去想一想：如果碰到这种情形的话，你会怎么办？是悲观失望，还是相信企业？是就此离开，还是继续奋斗？事实证明，后者不见得就能够让事情有所转机，但前者一定会让企业和自己陷入困境。一名员工只有对企业充满信心，拼搏到底，才有可能帮助企业渡过每一个难关，最终也为自己赢得事业发展的平台。

小李和小王是大学同学，毕业后一起到南方，通过招聘会应聘到一家计算机软件公司，负责某种办公软件的设计开发。这个公司规模很小，是国家允许注册的同类公司中最小的，执照上写得清清楚楚：注册资金10万元，连老板在内是“七八个人来五六条枪（电脑）”。他们之所以愿意去，一是背井离乡急于安身，二是因为老板给股份的承诺。

老板比他们大不了几岁，看上去一副书生模样，态度很诚恳。可是到公司后才知道，连这10万元都可能有水分，仅从他们的办公条件就可以判断：一间废弃的地下室，阴暗、霉臭、潮湿。天一下雨，天花板上凝聚而成的水滴便不断地往下流，电脑上都要罩着厚厚的报纸。办公区连个卫生间也没有，而且出门就是大排档，油烟灌进来，熏得人直流眼泪。他们的产品市场前景看起来很好，但资金的瓶颈随时有可能将美好的梦想扼杀于萌芽状态。最要命的是，产品没有品牌，只好赊销，迟迟收不回欠款，资金储备少，连员工的工资都无法按时发放。这样的公司与那些实力雄厚的公司很难竞争。

三个月后，小王动摇了，劝小李也不要干了。有的是好公司，干吗要在一棵树上吊死？股份？老板连他自己都无法自保，哪里还有股份给你？

但是小李并不这么看。通过这几个月的努力，他不仅看到了公司具有广阔的发展前景，而且知道老板是个值得信赖的人。更何况，小李跟老板一样，原本就是个不轻易认输的人。他相信，只要把问题逐个解决，公司就会慢慢发展起来。目前，他所要做的就是坚持下去，和老板风雨同舟，充分发挥自己的才智，精益求精，将产品做好。

半年后，老板筹措到了资金，公司重新运转。他们公司的产品由于质量好，买家愿意先付款，公司局面开始峰回路转。他们还成功地说服一家实力雄厚的投资公司出钱，推出一种早就被他们认定具有广阔市场前景的新型办公软件。他们全身心地投入新软件的研制中，常常吃住都在地下室，半年后终于推出了优良的产品。产品上市后供不应求，他们终于掘到了自己的第一桶金。接下来，公司开始招兵买马，发展壮大，短短几年的工夫，就成为行业内大名鼎鼎的软件公司。小李也被提拔为公司的副总兼技术总监，月薪2万元，还分到了30%的股份。一切正如他当初所预期的，风雨终会过去，迎接他们的将是美丽的彩虹！

企业碰到危机并不是一件多么可怕的事情，能够把企业拖入死亡山谷的常常是包括老板在内的企业成员。其实，很多危机并不如想象中那么糟糕，或许明天早上事情就会有转机。因此，为了企业的发展，也为了个人的成长，每名员工都应该对企业充满信心，无论外面是风和日丽，还是乌云密布，都要选择与企业共同进退，直到迎来胜利的曙光。

“这是你的船”：让我们同舟共济！

在生活中，有很多人富有才华、能力超群，但就是无法在公司里发挥最大的效能，这样的人自然不可能得到重用。当危机到来的时候，这些人也最容易跳槽，因为他们对企业没有信心，始终缺乏一种同舟共济的精神。一个对企业丧失信心的人其实也是在消融自己的信心，这样的人很难有团结、忠诚、共渡时艰的精神。一个缺乏共患难精神的人无法成长为一名优秀的员工，一家缺乏同舟共济精神的企业也无法顺利地渡过难关。

迈克尔·阿伯拉肖夫是美国导弹驱逐舰“本福尔德”号的舰长。1997年6月，当迈克尔·阿伯拉肖夫接管“本福尔德”号的时候，船上的水兵士气消沉，很多人都讨厌待在这艘船上，甚至想尽快退役。

但是两年后，这种情况发生了彻底改变。全体官兵上下一心，整个团队士气旺盛。“本福尔德”号成了美国海军的一艘王牌驱逐舰。

迈克尔·阿伯拉肖夫用什么魔法使得“本福尔德”号发生了如此大的变化呢？其秘诀概括起来就是一句话：“这是你的船！”

迈克尔·阿伯拉肖夫对士兵说：“这是你的船，所以你要对它负责，你要让它变成最好的，你要与这艘船共命运，你要与这艘船上的所有人共命运。所有属于你的事，你都要自己来决定，你必须对自己的行为负责！”

从那以后，“这是你的船”就成了“本福尔德”号的口号，所有水兵都认为管理好“本福尔德”号就是自己的职责所在。在这种主人翁精神的感召下，船上所有成员都尽心尽力地做好每一项工作，努力把“本福尔德”号打造成王牌驱逐舰。

在波澜壮阔的市场海洋里，公司就像一条船，员工从加入公司的那一天起，就与公司的命运紧密地联系在一起了。在公司这条船上，他们找到了共同的方向、共同的目的地。他们应该像相信自己的未来、相信自己的才华一样，相信这条赖以生存的船。因为对他们来说，船的命运就是所有人的命运。若没有了公司这条船，船上所有的人都无法生存，更谈不上追逐梦想，实现抱负了。因此，哪怕你再有才华，你也要把自己当成“船”上的普通一员，把自己的命运牢牢地绑在“船”上，相信它，忠于它，与之同进同退。唯有如此，你才能推动公司这条“船”向前进，进而提升自己的发展空间。

个人这样，整个企业更是如此。一家企业陷入困境之后，解决问题的关键不在于有多少资金，也不在于有多少资源，而在于能够凝聚多少人心。唯有人心才是使这些优势发挥作用的核心要素。员工若能相信企业，与老板上下一心，共渡难关，那么再大的危机也不足为患。

有一家原本生意不错的旅游公司，老板出差期间，有人秘密地把公司的客户资料出卖给了竞争对手。旅游旺季到来之时，这家旅行社以往的签约顾客居然一个都没有来，旅行社陷入了前所未有的危机之中。没有人知道是谁做的，客户服务部的经理引咎辞职，尽管她是无辜的。当面对所有的员工时，老板觉得自己对不起公司的员工。

“我很遗憾公司出现了这样的事情，”老板说，“现在，公司资金周转困难，给你们发两个月的薪水，在你们找到新的工

作之前，这些钱可能还够用。我知道，有的人想辞职，要是在平时我会挽留大家，这个时候大家想走，我会立刻批准，因为我已经没有挽留大家的理由了。”

“老板，您放心，我们是不会走的，我们不能在这个时候离开，我们一定会战胜困难的。”一个员工说。

“是的，我们是不会走的。”很多人都在说。

后来，这家旅行社并没有倒闭，甚至比以前经营得还要好。老板说：“我最应该感谢的是我的员工，他们的信心和忠诚给了我动力。在我要放弃的时候，是他们的信心和忠诚帮助公司战胜了困难，我为拥有他们而骄傲。”

在企业遇到困难的时候，员工最聪明的决定是什么？是选择离开，还是继续留下？是各自为战，还是精诚团结？很显然，只有后者才是走出困境的最佳选择。离开对于个别人来说，或许是个尝试，但是在风暴面前，任何脱离集体的举动都是危险的。更重要的是，这种丧失信心、缺乏同舟共济精神的做法会大大降低你的职业形象。试问，又有哪家企业愿意接收这样的人呢？企业需要人才，但更需要自信、忠诚的员工，唯有他们才是企业长远发展的基石，而其他人不过是匆匆过客。如果你想做职场的常青树，那就选择信心、选择忠诚吧，在危机面前，留下来与公司这条“船”共同奋斗、共渡难关！

弘扬抗震精神，学会抱团过冬

我们衡量一个企业是否有竞争力，是否能够永续发展，到底看什么？是看这个企业的经营理念有多么先进，还是看这个企业的资金有多么雄厚？是看这个企业的科技含量有多高，还是看这个企业拥有多少知识分子、高科技人员？这些都不是决定因素，关键还是要找出企业内部的决定因素。这些决定因素实际上就是企业是否有团队精神，员工是否相信他人、帮助他人。

有这样一个寓言故事，说的是一只手的五个手指头在吵架，每个手指头都说自己是最好的，互相争论不休。

大拇指说："我最棒！因为称赞人时都举大拇指。"

食指说："我才是最棒的！因为骂人时都伸出我。"

中指说："你们两个都别吵，我才是最棒的！因为五个手指头站在一起我最高。"

无名指说："你们不要忘记，戒指是戴在我身上的。"

最后，小拇指终于说话了："当人们在双手合十祷告时，是我站在最前面。"

它们正在争论不休时，主人说："你们五个都很棒，但分开之后，什么事也做不成。只有合在一起时，才能做任何事情。"

同样，如果一家企业有着无数优秀的人才，却无法团结一致，共同奋战，那它就如同一盘散沙，会被人轻易地击垮。

在2008年的汶川大地震中，举国上下团结一致，深刻诠释了何为团结一致，何为共同奋战。

2008年5月12日下午2点28分，四川省汶川县发生8级地震，这场猝不及防的灾难造成重大人员伤亡和财产损失。

12日16时40分许，担任国务院抗震救灾指挥部总指挥的温家宝总理搭乘的空军专机从北京西郊机场起飞，前往四川地震灾区现场指挥。面对交通被泥石流和山崩阻断的情况，温总理告诉

军人们，就是步行也要尽快进入受灾地区，早一秒进入灾区就能早抢救生命。差不多与此同时，海内外华人华侨都被动员起来，投入艰巨的抗震救灾活动当中，一笔笔捐款快速地汇集起来，寄往灾区，一批批志愿者自发地组织起来，亲赴现场……

就在地震发生后的4小时，近8000名官兵先后赶到灾区参加救灾，让世人惊叹“中国速度”；一名官员在地震中失去了双亲、妻子，以及两个孩子，但是他并未被灾难击倒，而是坚守在抗震救灾第一线；而4500名写好遗书上“战场”的空降兵更是感动了无数人……

有关中国的新闻再一次成为西方各大媒体的头条新闻，不但在平面媒体上，在网站上也成为一直占据主页的新闻。令人印象深刻的是，这些新闻有着惊人的相似性，它们几乎有如下三个特征：首先是灾情的实况，其次是救灾的进展和救灾的困难程度，再者是惊叹中国政府的救灾效率，尤其是对中国政府能在最短的时间内动员最大的人力投入救灾十分赞叹。有些媒体甚至惊叹，就效率和速度而言，恐怕没有一个国家赶得上。也有媒体甚至建议美国也应学习中国经验，也应在重大自然灾害发生时，动用军队投入救灾。

天灾无情人有情，在地震灾害面前，中国人发扬了“一方有难，八方支援”的团结互助精神，在第一时间派出了大量救灾人员，抢救了无数生命与财产，把地震造成的损害降至最小。因此，与其说是强大的国力帮助灾民渡过了难关，不如说是这种团结精神让我们得以战胜自然灾害。

这次全球范围的金融危机对中国而言，无疑是另一场地震，因为我们已经与世界经济联为一体，我们既是世界上最大的产品加工产地，也是最大的商品输出国之一。在这场巨大的金融“地震”面前，我们所需要的同样是这种团结互助的抗震精神。对企业而言，一名优秀的员工就像救灾员一般，相信企业，相信同事，与企业同呼吸、共命运，与其他人抱团合作、共度寒冬。

井深大刚进索尼公司时，索尼还是一个只有二十多人的小企业。老板盛田昭夫却对他充满信心地说：“我知道你是一个优秀的电子技术专家，就像好钢要用在刀刃上一样，我要把你安排在最重要的岗位上，由你来全权负责新产品的研发，怎么样？希望你能发挥榜样作用，充分调动其他人。你这一步走好了，企业也就有希望了！”

“我？我还很不成熟，虽然我很愿意担此重任，但实在怕有负重托呀！”虽然井深大对自己的能力充满信心，但他还是知道老板压给他的担子有多重——那绝对不是靠一个人的力量能应付得过来的。

“新的领域对每个人来说都是陌生的，关键在于你要和大家联起手来，这才是你的优势所在！众人的智慧合起来，还有什么困难不能战胜呢？”盛田昭夫很自信地说道。

井深大一下子豁然开朗：“对呀，我怎么光想自己，不是还有二十多位同事吗，为什么不虚心向他们请教，和他们一同奋斗呢？”

他找到市场部的同事一同探讨销路不畅的问题。他们告诉他：“磁带录音机之所以不好销，一是太笨重，一台大约45公斤；二是价钱太贵，每台售价16万日元，一般人很难接受，半年也卖不出一台。您能不能往低廉和轻便上考虑？”井深大点头称是。

然后他又找到信息部的同事了解情况。信息部的人告诉他：“目前美国已采用晶体管生产技术，不但大大降低了成本，而且非常轻便。我们建议您在这方面下工夫。”他回答：“谢谢。我会朝着这方面努力的！”

在研制过程中，他又和生产第一线的工人团结合作，终于一同攻克了道道难关，在1954年试制成功日本最早的晶体管收音机，并成功地推向市场。索尼公司由此开始了企业发展的新纪元！

企业碰到困难或挑战了，每个人都应该学会找到自己在团队中的位置，自觉地服从团队运作的需要。他要像救灾员一样，相信团队、依靠团队，把团队的成功当成个人施展才能、奋发向上的目标，并借助团队的力量实现这一目标。优秀的员工从来都不是一个自以为是、好出风头的孤胆英雄，而是一个充满合作激情，能够克制自我、与同事共创辉煌的人，因为他明白，唯有发挥团队的力量，才能渡过难关，创造奇迹。

面对每一场危机，我们都应该像抗震救灾那样，积极主动，互相帮助，组成一个团结、强大的团体。弘扬抗震精神，学会抱团过冬，将是许多企业度过这次金融寒冬的不二法门。

危机感也是一种生产力：困难让人万众一心

危机感是一种强大的力量，它可以催人上进，使人发愤图强，从而创造出不凡的业绩。海尔、联想、索尼、佳能这些公司的辉煌与强大无不源自其创始人与缔造者内心那种强烈的危机感，以及由这种危机感引发的不甘落后的斗志和进取精神。这种精神是推动企业和一国经济向前发展的重要动力。从这种角度来说，危机感也是一种生产力。

有一位英国科学家把一盘点燃的蚁香放进蚁巢里。开始，巢中的蚂蚁惊恐万分，过了十几分钟后，便有许多蚂蚁纷纷冲入火中，对着点燃的蚁香，喷射出自己的蚁酸。虽然一只蚂蚁能射出的蚁酸量十分有限，而导致一些蚁群中的勇士葬身火海，但是，它们前仆后继，几分钟后，便将火扑灭了。活下来的蚂蚁将战友们的身体移送到附近的一块墓地，盖好了薄土，安葬了。又过了一段时间，这位科学家又将一支点燃的蜡烛放进那个蚁巢里细细观察。虽然这一次的“火灾”更大，但是这群蚂蚁已经有了上一次的经验，协同在一起，有条不紊地作战，不到一分钟，烛火便被扑灭了，而蚂蚁无一殉难，这真是个奇迹。

从蚂蚁扑火的现象中我们可以发现，个体的力量是很有限的，而团队的力量可以实现个人难以达到的目标。在巨大的危机面前，蚂蚁会由原先的一盘散沙、惊恐万分变得冷静沉着，团结一致。为了生存，它们别无选择！

同样，作为公司里的一员，我们也经常会面临类似的困境。这时候，我们要从团队的角度出发，树立起对团队工作认真负责的信念。每一个公司都类似于一个大家庭，其中的每一位成员都仅仅是其中的一分子，只有每一个人都具备了团队精神，才能对团队的工作认真负责，对自己的人生和事业负责。

1999年4月5日下午2点，一个德国经销商打来电话，要求海尔必须在两天内发货，否则订单自动失效。而两天内发货意味着当天下午所要的货物就必须装船，而此刻正是星期五下午2点，如果按海关、商检等有关部门下午5点下班来计算的话，时间只有3个小时，按照一般程序，做到这一切几乎是不可能的。

在巨大的挑战面前，如何将不可能变成可能？

此时，海尔人优良的团队精神发挥出了巨大的能量。他们采取齐头并进的方式，调货的调货、报关的报关、联系船期的联系船期，所有人员全身心地投入工作中，抓紧每一分钟，使每一

个环节都顺利通过。当天下午5点半，这位经销商接到了海尔货物发出的消息，他非常吃惊，继而转为感激，还破例向海尔写了感谢信。

动物也好，人也罢，危机都会让我们变得团结起来，并激发出每个个体最大的潜能，为了共同的目标协同作战。这次金融危机的到来，便是一场空前的考验，每个人都无处逃遁。在这场考验面前，我们唯有万众一心，众志成城，充满信心，才能渡过难关。

美国记者布莱斯有一次去日本访问，回程的时候路过一家大百货公司，看中一部小巧的索尼随身听。索尼是国际性大型企业，出于信任，再加上当时时间紧迫，布莱斯就没有试听。

等到布莱斯乘飞机回到美国，拆开包装后，发现里面装的只是一个随身听的空壳。布莱斯大为恼怒，当夜写了一篇新闻稿，名为《一个世界知名企业的骗局》，准备隔天在《华盛顿邮报》上刊出。

不难想象，这篇文章一旦刊登，对索尼公司在美国市场的声誉将会是毁灭性的打击，索尼公司在美国的业务拓展也一定会步履维艰。想彻底消除这一事件的影响，不知道要花费多少时间、金钱和精力。

可是就在次日凌晨2点，布莱斯接到了索尼公司从日本打来的加急越洋电话。电话中，一位索尼公司负责人连声向布莱斯道歉，原来当时因为售货员的疏忽，把作为展示用的样品卖给了布莱斯，公司知道情况后马上想方设法找到布莱斯的联系方式，然后致电道歉，并许诺尽快为布莱斯更换。

布莱斯大为感动，他不解地问这位主管：“我当时只是匆匆路过，并没有留下任何联系方式，也没有说我是谁，你们是怎么得知我在美国住处的电话的？”

原来，为了寻找布莱斯的联系方式，索尼公司东京办事处专门抽调了二十多个人，查访了上百人，连续打了39个加急电话，一直忙碌到凌晨，才找到了布莱斯的联系方式。

布莱斯完全被索尼公司的负责精神感动了，他当即表示，只是一点小的疏忽，没必要劳师动众地更换了。那位主管严肃地说：“对我们的企业来说，信誉就是生命，为了维护企业的信誉，不管耗费多少都是值得的。”

仅隔一天，布莱斯就收到了索尼公司派专人送来的正品机和一封恳切的道歉信。当晚他把那篇写好的批评文章扔进了垃圾桶，重新写了一篇文章，叫做《39个加急电话——一个优秀企业对信誉的挽救与维护》。

俗话说：“人心齐，泰山移。”当一个公司上下同心时，公司才能拧成一股绳，才能克服一切困难，进而产生最大的效益。在一场信誉危机面前，索尼人焕发出其他企业少有的团结合作的精神，用最短的时间解决了问题，变不利因素为有利因素，这值得所有人学习和借鉴！

相比之下，金融危机对我们的影响又何止是信誉？在这种情况下，我们又有何理由不团结起来呢？退一步，哪怕现在没发生金融危机，现代公司之间的竞争也是越来越激烈，经济竞争犹如军事竞争，公司的每一个员工如果都能与公司荣辱与共，满怀信心地与公司共同攻克难关，公司就能在激烈的竞争中无往而不胜，就能在严峻的考验面前屹立不倒。

第九章 自我升级，真正的自信来自实力

有实力才会有自信，一个人真正的自信来自实力。一个人自信与否不取决于外界条件的好坏，而是取决于自身能力的强弱。无论是企业，还是员工个人，想要拥有足够的自信心，就得从自我升级和能力提升上做起。

在工作中，我们要化信心为动力，保持积极进取的状态，做一个不断提升的学习型员工。只要我们能够在工作中不断升级自我，弥补短板，把工作当成自我提升的机遇，那么我们就能够在工作中不断进步，在工作中变得“更高、更快、更强”！

职场真正的自信来自实力

有一句广告语说得好："有实力，当然有魅力。"其实，我们也可以把它变换一下，说："有实力，当然有自信。"因为职场中真正的自信就来自实力。有了实力，我们就能站得更高、看得更远，对全局有清晰的认识，从而了解自己的优势与长处，而不至于惊慌失措；有了实力，我们就可以掌握更多的资源，可以应付更大的困局，对未来也会多几分把握。可见，无论是企业，还是员工个人，想要拥有强大的自信心，就得从增强实力做起。

自20世纪80年代开始，台塑集团一直是台湾化工行业的先行者。据《天下》杂志报道，台塑集团在1992年的营业额，除了南亚勉强保持1991年的水准外，台塑下降了2.25个百分点，台化下降了1.28个百分点。而且由于石化行业不景气，全世界的PVC粒产量过剩，导致台塑在美国的工厂发生了亏损。除去应对由于经济环境的变化而发生的不利情形外，王永庆还必须面对企业文化、环境及企业家庭化所带来的种种问题的挑战。不过，即使处在恶劣的环境及纷繁的条件下，王永庆仍然充满信心，而他的秘诀便是不断变革，增强实力。

1984年，台塑集团正式介入资讯电子行业，这无论对台塑，还是对王永庆，都是一个很大的挑战。因为从石化行业到资讯电子业，从产品的特性、经营理念，以及客户的要求等方面，都有极大的变化。王永庆所擅长的石化行业，产品单纯，附加值

较低，为取得竞争优势，必须不断地改善制造技术、降低成本，并以大规模的生产来形成效应。与之相比，电子行业则是一个产品复杂、附加值较高，必须不断地依赖创新才能取胜的高技术行业，且竞争激烈，充满了变数。

面对即将到来的挑战，王永庆充满了信心，他说："现代工业发展到这个地步，高科技愈来愈重要，尖端工业发展很快，企业家要更用心，消息要更灵通，否则一下就被拖垮了。像我现在这个年纪，面对这种发展，我也是很担心的，真的，不赶上去不行。"

市场是瞬息万变的，每天新增的企业不知有多少，永远没有所谓的行业第一，唯有保持不断进步，不断增强实力，才能保证自己不会被时代所淘汰。只有建立在实力基础之上的信心才是强大的信心。

同样，许多HR在招聘的时候都比较看重求职者对未来的信心，但他们更关心的是，这些人是否脚踏实地。换句话说，他们的自信心是否建立在正确认识自己能力的基础之上。唯有如此，他们才会有独立承担工作的魄力和信心，否则便成了自吹自擂、夸夸其谈了。

曾慧燕幼年的经历十分坎坷。她生不逢时，来到人间不到两个月就成了右派的女儿。在澳大利亚长大的妈妈，当时无法理解转眼间变成"人民罪人"的丈夫，被迫分道扬镳，移居中国香港。失去了母爱的小慧燕只好离开广州回到老家——湛江吴川县梅佳镇，和爷爷奶奶相依为命。

曾慧燕小学毕业时，正值"文革"的高潮，全县城的中学都对这个右派的女儿关上了大门。她跑遍了县里所有有关部门，直到第二年才以社会青年的身份进入县城中学。1975年，她读完高中，因祖父膝下无人，被留城待业。1978年恢复高考，给她带来了希望。她满怀信心参加了考试，成绩也超过了录取线，但父亲的“帽子”又使她名落孙山。移居香港的母亲一直孑然一身，盼望与女儿团聚，为女儿办理了来港探亲的手续。1979年1月，曾慧燕来到了母亲的身边。

一连串不幸的生活经历并没有让曾慧燕意志消沉，反而磨砺出她积极进取的性格。她深知，想要在社会上立足，就得不断地充实自己。因此，刚到香港的日子里，她白天上班，晚上自修英语，并利用工余时间写些杂感式的小文章，试着向报纸投稿。她的第一篇文章是在香港《明报》的《大家谈》专栏上刊出的，这给了她极大的鼓舞。从此，署名曾慧燕的文章便经常出现在报端。

1980年，香港《中报》刊出招聘广告，已经发表过不少文章的她不禁萌生了试一试的想法。于是，她把自己的简历寄给了《中报》，这成为她走入新闻圈的第一步。她回忆当时的情形时说：“到《中报》上班的第一天，老板给了两份工作让我挑选：一是资料员，一是校对。我认为校对工作对我今后的事业会有好处，通过这份工作，我可以掌握在内地所不熟悉的知识。”校对是香港报馆中地位最低的工作，工资也比资料员少300元，但曾慧燕选择了校对。为了更好地发展，她选择先打好基础再说。

在校对的同时，《中报》为她和她的另一位同事开辟了一个名为《大城小景》的专栏，让她们每天撰写一篇短文。每天50字的专栏稿，磨炼了她的笔锋，活跃了她的思维。随着自我能力的不断提高，曾慧燕也对未来的成功之路有了更加清晰的认识。

香港的报馆没有“铁饭碗”，你乐意在这家干就干，不乐意可以走；同时，你也随时都有被解雇的危险。正当曾慧燕的工作渐入佳境时，《香港日报》创刊，她决定前去一试，因为在

多年的工作过程中，她已经培养出了一名优秀记者所需的种种素质与能力。面对这么优秀的新人，《中报》的老板也乐得帮她推荐，就这样，曾慧燕转入《香港日报》做了一名正式记者。她履职后接受的第一个任务，是调查内地外流人才在港的情况。编辑部要求她每天采访一人，写成千字左右的文章并配上照片，在《乡情版》刊出。这对她这个初出茅庐的记者来说，无疑是一次考验，曾慧燕竟取得了令人满意的成果：她采访了100人，并将其中30人的材料编辑成《外流人才列传》（第一集）一书在港出版。这不仅在香港读者中引起了轰动，而且引起了内地有关部门的重视。曾慧燕也因此而成名。

无论是她在《中报》的第一份工作，还是后来转入《香港日报》，曾慧燕都能充满信心，牢牢地把握机会，就在于她始终在充实自己。通常来说，一个人的自信跟他的视野成反比，见得越多，越不自信，而跟他的实力成正比，但是如果你的实力足够强大，那视野的影响便会相应减弱。也就是说，如果你有实力，那么无论你到哪里，做什么工作，都可以信心满满。因此，我们在工作中呼吁树立信心，最重要的落脚点还是不断地学习，提升自己的实力。

做个学习型员工

如果说这个世界是个竞技场的话，那每一个人从出生那天起，就投入比赛了。比学习成绩，比工作成果，比事业成就，比家庭幸福……成功的人是自信的人，更是积极进取，不满足于现状的人。我们如果想在工作中保持长久的优势，就必须化信心为动力，保持积极进取的状态，做个学习型员工。俗话说，学如逆水行舟，不进则退。在工作中，无论你一开始的能力有多强，如果你安于现状，那么你便会被身边的人赶上，变成一个相对比较“弱”的人。

某公司有一位员工，已经工作了10年，薪水却不见涨。有一天，他终于忍不住内心的不平，当面向老板诉苦。老板说：“你虽然在公司待了10年，但你的工作经验不到1年，能力也只是新手的水平。”这名员工在他最宝贵的10年青春中，除了得到10年的新员工工资外，其他一无所获。

在我们的生活当中，是不是有很多这样的人？他们看似勤勤恳恳、兢兢业业，但几十年如一日，在能力方面没得到显著的提升。这样的人迟早会落后于时代，甚至可能影响企业发展的速度。当危机到来之时，他们不但不能帮助企业，反而可能成为企业应该抛掉的包袱。

那么，有什么办法可以避免这种情况的发生呢？答案很简单，就是不断学习，保持进步。戴尔公司的创始人、董事会主席兼CEO迈克·戴尔甚至认为学习比工作本身还要重要。他说：“首先要把学习当成一种奢侈品，要认为学习是非常必要和必需的事情。然后，才是明确自己在工作中的研究对象是谁，要找到什么样的解决方案。”一个能够不断学习的人，才能够让自己保持进步。

2002年，毕业于山东曲阜师范经济学院经济管理专业的林晶，怀着无限的梦想与对未来的美好憧憬走进了青岛国运。由于林晶在校期间品学兼优，接受新鲜事物比较快，国运决定把林晶安排在新生部门——人力资源部。

此时，正是国运集团高速发展时期，随着规模的不断扩大，企业所需大量专业人员远远超过了往常。林晶是学经济管理

的，现在突然要转型做人力资源，陌生的环境、全新的工作、超负荷的用人需求，使初来乍到的林晶陷入了被动。

由于工作滞后，人才跟不上企业发展的需要，心急火燎的领导对林晶提出了严肃的批评。面对压力，林晶委屈，但她并未灰心，永不退却的上进心马上占了上风。“世上无难事，只怕有心人。工作没做好，得从自己身上找原因。”林晶暗暗给自己鼓劲，决定用行动证明自己。

从此，每当晨曦刚刚照进办公室的时候，林晶已经坐在自己的位置上忙碌开了；每当傍晚的路灯照亮回家的路时，林晶依然在堆积如山的文件里进行着她的工作；即使是回到家里，林晶也没有放松，在她的床头，堆满了各种专业管理类书籍，每晚睡前，她至少看一小时专业书籍，然后回顾一天的工作，有针对性地对工作中遇到的问题进行分析研究，并对第二天的工作做出计划。

林晶对自己的严格要求终于换来了成果，人力资源部的工作蒸蒸日上，公司领导对她的工作也给予了充分的认可，任命她为人力资源部的部长。

尽管如此，林晶并没有在成绩面前骄傲自满，也没有安于现状。2004年，林晶成功考取助理人力资源管理师资格证，使自身能力再上一个新的台阶。她还通过网络、报纸、招聘会等载体，通过猎头公司，以及直接与大专院校联系等渠道，广泛获取各方面人才信息，并通过面试询问内容、公司情况简介、限时回复等工作方法，使人力资源部工作走向制度化、规范化，让人才与企业的交流更加畅通，有效地吸引了大批人才的加盟。

同时，由于国运集团的发展，公司内部员工也需要不断地学习和提高。林晶以身作则，积极投身争做学习型员工的行列中。她利用业余时间，自费参加第二学历教育，积极参与主管部门的培训班学习，努力提高自身的综合素质，拓宽知识面，为正确做出领导决策打下了坚实的基础。

林晶成功了，而她的成功是可以复制的，因为我们尽管没有她那样的才华与际遇，却可以学习她的那种自信与学习精神。在成功面前，我们不应该感到骄傲；在失败面前，我们更不能气馁松懈。自信增添我们战胜困难的勇气，学习则加添我们不断向前的力量。世界著名的大提琴演奏家帕柏罗卡沙成名后，仍每天练琴6个小时，有人问他为什么还这么努力，他的回答是："我认为我正在进步之中。"大师尚且如此，何况我们这样的普通人物呢？要知道，唯有不断地查缺补漏、学习进步，才能让我们保持强大，让我们的信心得以坚定。试想，如果我们已经变得足够强大，也早已做好了准备，这时候哪怕巨大的困难降临到我们面前，我们也用不着落荒而逃。

培养危机意识，变危为机练内功

在困难面前，很多人选择了停滞不前，因为他们丧失了信心，以为自己还有很多退路，能够找到让自己妥协的理由。但是如果我们做事总是经常给自己留后路，又怎么可能全力以赴呢？以这样的心态做事，可能永远成就不了伟大的事业。项羽之所以能够在巨鹿之战中以少胜多，取得胜利，就在于他充满信心，破釜沉舟，不给自己留后路，而是把危机当成了取胜的机遇。后来，他乌江自刎，则是彻底灰心丧气的表现。可见，有无信心、乐不乐观，对于事情成败关系重大。

事实上，适度的危机感能够激发一个人的潜能，可以提高一个人的工作绩效。如果在企业中，人们觉察不到危机感，领导者就必须创

造一种环境，让他们产生不稳定感。心理学上的两个重要发现解释了这种现象：

第一，Yerkes-Donson规律表明，随着焦虑程度的加深，人的业绩也会提高。当焦虑度达到一个理想水平时，业绩也会随之达到最高点。不过，如果焦虑程度过高，业绩就会下降。

第二，根据麦克利兰的成就动机理论，当成功概率达50%时，人们取得成功的动力最大。换句话说，如果人们追求的目标或接手的任务具有挑战性，但仍有极大可能成功时，人们追求目标或接手任务的动力最大。这说明，在企业中员工处于不同的状态，其工作绩效是不同的。

每次看到短跑运动员在田径场上飞奔的时候，人们忍不住会问自己一个问题：这些运动员在平时也会以这样的速度奔跑吗？从这个问题可以引申出一个有深意的问题：为什么这些运动员平时的速度跟比赛时的速度会有如此大的差异呢？

一个简单而合理的解释就是：他们在平时不会保持高度紧张。确实如此，对于比赛中的运动员来说，不停跳动的秒针、身边闪过的选手，以及前方不远处的终点线……都会给他们带来巨大的压力，使其无形之中产生一种强烈的紧迫感，从而使他们的精神保持高度紧张，速度自然也会加快。

因此，我们在工作中也要适当地培养危机意识，学会在克服危机的过程中练好内功。面对危机，不给自己留后路，你就不会为后退而分神担心，摆在你面前的只有一种选择，那就是向前、向前、再向前。可以说，越是危机感强烈、把后路断绝得彻底的人，做事时也越能激发全部的力量，竭尽所能。以这样的精神状态去挑战一切困难，自然是无往而不利。所谓“置之死地而后生”，说的往往就是这种情形。

李·艾柯卡是美国汽车业的传奇人物：他从一文不名的推销员做起，登上了美国福特公司总经理的宝座，但就在他快要退休的时候，却遭到排挤，被迫离开了福特公司。从成功的巅峰跌入失败的谷底，艾柯卡承受着常人无法想象的压力。但是他并未因此灰心丧气，相反，他觉得只要再给他一次机会，他一定能够东山重起。

苍天不负苦心人，就当众人以为艾柯卡会彻底沉沦的时候，一纸任命书让他成了克莱斯勒公司的总裁。跟艾柯卡命运有些相似的是，此时的克莱斯勒公司状态并不算好，甚至说极为糟糕，因为它已濒临破产。但是信心满满的艾柯卡相信凭借自己的努力，一定能够绝地反击，重振克莱斯勒公司。

来到克莱斯勒汽车公司之后，艾柯卡主动出击，大刀阔斧地对公司进行整改，并向政府寻求支持。他利用一切机会说服国会议员，取得了巨额贷款，从而使公司得到了重振的机会。

在艾柯卡的率领下，克莱斯勒汽车公司在经营最惨淡的那段日子里推出了K型车。这款车的成功推出使克莱斯勒汽车公司起死回生，成为仅次于通用汽车公司、福特汽车公司的美国第三大汽车公司。最终，艾柯卡把一张面额高达8.13亿美元的支票交到银行代表手里。至此，克莱斯勒汽车公司还清了所有债务。要知道，这比他们当初预计的还款日期整整提前了12年。事后，艾柯卡深情地说："充满信心、奋力向前，哪怕时运不济！积极主动、永不绝望，哪怕天崩地裂！"

如果世上只有一个艾柯卡这样的案例的话，人们或许会说这仅是一个偶然，但是这只能是一相情愿的假设。在世界范围内的企业发展史上，有着无数这样的成功案例。许多自信的人通过努力，让众人眼中的小公司、差公司绝地反击，爆发出了前所未有的力量，取得一系列辉煌的成就，其原因同样是不留后路，全力以赴。

1978年，布兰克和马科斯在洛杉矶一家电脑硬件零售店工作时，因为给老板吉姆提出“目前你的经营方向不对，很有可能被竞争对手吃掉，应以长远发展为目标”的建议，遭到老板吉姆的冷眼。吉姆认为自己的生意很好，根本不用理会别的麻烦事。

一位从事商业投资的朋友建议他们自己办公司，他们开始这样做了。后来，马科斯和布兰克经营的家庭库房设备在美国迅猛发展的家用设备行业中处于领先地位。在他们的众多雇员中，有一个特别的人，那就是布兰克和马科斯早先工作过的那家硬件零售店的老板吉姆。原来吉姆当时没有听从布兰克和马科期的劝告，果然被竞争对手挤出了市场！

马科斯说：“因为当时我们的危机意识，让我们看到更多的东西，这样我们的成功才有了实现的可能——压力才是真正催人奋进的动力啊！”

对很多人来说，犹豫不决的痼疾已经病入膏肓，这些人无论做什么事，总要留一条退路，没有破釜沉舟的勇气。他们不明白，把自己的全部心思贯注于目标，可以激发出自信，这种自信能够破除犹豫不决的恶习，把因循守旧等成功之敌统统捆缚起来。一旦你抱着不达目的绝不罢休的决心，你就会排除万难、不怕牺牲，竭尽所能地争取胜利。一个人有了如此的信心与决心，方能把犹豫、胆怯等心灵妖魔全部赶走。所以，有信心，才能下定决心，有决心的人，才可能是最终的胜利者。

补齐“短板”，化优势为品牌

一个人要怎么做，才能保证最高的学习效率、最好的进步状态，进而拥有良好的信心状态呢？如果说危机可以让我们更好地发现不足，那么向自己的弱点发出挑战，补齐自己的能力“短板”，则是快速进步的秘诀之一。众所周知，一个木桶的储水量取决于最短的那一块木板，同样，一个人的成就也往往受限于他能力中最薄弱的一项。因此，我们要敢于直视自己的不足，冷静地分析现状、查找原因，迅速查找出补救的方法，从而在第一时间将问题解决，否则只能像讳疾忌医的蔡桓公一样，直到病入膏肓了才后悔莫及。

在南方的一所实验中学里，有一个班每逢周末的主题班会都会让每一位同学轮流上台进行才艺表演。按规定班内的每个人都要参与，在表演的过程中你可以发表演讲，也可以唱歌、讲笑话，只要能展示你自己，无论什么节目都可以。

有一次周末，轮到小林上台表演，他平时的表现可以说是班内男生中最不出众的一个，无论是学习成绩还是外貌形象。只见他慢慢地走上讲台，摘下他那顶作为道具用的帽子，先向同学们深深地鞠了一躬，然后清清嗓子开始演讲：

“嗯！从身材上看，不用我说大家也可以看出，我属于三等残废之列。但大家知道吗？我比拿破仑还高出一厘米呢，还有维克多·雨果、邓小平同志，我们的个头都差不多；我的前额不宽，天庭欠圆，可伟大的哲人苏格拉底也是如此；我承认

我有些未老先衰的迹象，还没到20岁便开始秃顶，但这并不寒碜，因为有大名鼎鼎的莎士比亚与我为伴；我的鼻子略显高耸了些，如同伏尔泰和乔治·华盛顿的一样；我的双眼凹陷，但圣徒保罗和哲人尼采亦是这般；我肥厚的嘴唇足以同法国君主路易十四媲美，而我粗胖的颈脖堪与汉尼拔和马克·安东尼齐肩。”

沉默了片刻，小林继续说：“也许你们会说我的耳朵大了些，可是听说耳大有福，塞万提斯的招风耳可是举世闻名的啊！我的颧骨隆耸，面颊凹陷，这多像美国独立战争时期的英雄林肯啊！我的手掌肥厚，手指粗短，大天文学家丁顿也是这样。不错，我的身体是有缺陷，但要注意，这是伟大的思想家们的共同特点……”

当小林表演完他的节目走下讲台时，班里爆发出久久不息的掌声。

小林实在配得这样的掌声，并不是因为他巧舌如簧，而是他敢于直视自己的弱点，甚至变短处为长处，变劣势为优势。古人说：“知耻而后勇。”一个敢于正视弱点的人是强大的，因为早在别人攻击他之前，他就做好了准备。同样，一名员工如果想要取得长足的进步，就不要畏惧批评，不要逃避现实，而要勇敢地向自己的能力“短板”发出挑战。当这些“短板”被逐一补齐时，你也会慢慢地成长为优秀的职场中人，甚至能够化不足为优势，将它变成自己的职场品牌。

凯蒂是一个聪明热情的女孩子，她性格开朗活泼，待人热忱，因此她的朋友很多。她常常为周围的朋友们排忧解难。凯蒂现在的工作是在华尔街一家知名股票交易所做资深分析员，她的工作业绩一直很好，老板也很器重她，她已经在这家交易所干了

5年多。这份工作给了凯蒂优厚的待遇和广阔的发展空间。在去年交易所生意冷淡的时候，老板解聘了几名分析员，但凯蒂被留了下来，而且老板还给了她一个月的带薪假期，这种情况在失业率居高不下的当时实在是十分少见。

艾丽丝是凯蒂的朋友之一，她最近失业了，心情非常不好。她找到凯蒂，希望能够和凯蒂吐吐心中的不平：“我在这家公司干了两年多，现在公司发展了，每天都在招新人，而我却被公司一脚踢了出来，你说这是为什么？”

“噢，艾丽丝，听到这个消息我感到很遗憾，不过我也不知道你们公司的具体情况，我想也许有很多原因吧！”凯蒂知道艾丽丝现在很需要安慰，于是轻声地劝慰她。

艾丽丝似乎也不想再谈自己的倒霉事，她问凯蒂：“凯蒂，你一向那么能干，我不知道你是怎么做到这些的。我知道你们那一行的失业率更是居高不下，不过你一直都做得很好。”

谈到自己的工作，凯蒂很高兴，她说：“我喜欢这份工作，它很有挑战性，而且这一行业发展得也很快。也正因为如此，我总是竭尽全力提高自己，我害怕有一天自己会跟不上同事们的脚步，或者被迅速发展的公司所淘汰，最终成为掉队的那一个。”

艾丽丝对凯蒂的话感到吃惊：“你怎么会成为掉队的那一个？你是那么的优秀，而且你的业绩一向那么突出。”

“我的业绩确实一直不错，不过公司发展得很快，而且同事们每天都有新的进步，我甚至都能感受到公司前进的步伐在催我每天都要前进。因此，我每天都要抽出一定的时间来对比，比出同事的长处，比出自己的不足，然后想想自己有什么方式可以补救。差不多从我懂事的时候起，父母就常常告诉我，‘不要成为掉队的那一个’。在后来的学习和工作中，我也习惯

了以此激励自己，不断地挑战自己的弱点，在第一时间弥补自己的不足之处，直到现在。”凯蒂说道。

艾丽丝似乎有所领悟。“‘不断地挑战自己的弱点’、‘不要成为掉队的那一个’，连你这么优秀的人都经常以此来激励自己，而我却总是认为自己做得已经足够好了，或者觉得有些欠缺并不重要，毕竟人都不是完美的。可现在跟你一对比，我发现自己还是差得很多。如果我早些听到这些话，可能现在就不会如此窘迫了。”说着说着，艾丽丝的声音忽然提高了，“不过现在也不晚，是吗？凯蒂。”

凯蒂很高兴听到艾丽丝这么说：“是的，艾丽丝，希望我们都成为永远进步、永不掉队的那一个。”

为什么直面弱点如此困难？因为这相当于揭自己的伤疤，提醒自己不如别人。但这能够让我们保持清醒的头脑。如果直面弱点，我们的难堪只是一时的，相反，逃避只能使原有的弱点长久地伴随着我们，在关键时刻爆发出来，成为我们事业道路上的强力炸弹。如果我们能够在第一时间内补齐这些“短板”，就能够摆脱危机，甚至在别人尚未赶上的时候，将其化为自己的优势，成为在职业战场上克敌制胜的法宝。

有位作家说得好：“自己把自己说服了，是一种理智的胜利；自己被自己感动了，是一种心灵的升华；自己把自己征服了，是一种人生的成熟。大凡说服了、感动了、征服了自己的人，就有力量征服一切挫折、痛苦和不幸。”唯有正视不足、挑战自己的人才是强大的，才是有信心的。

工作中要实践自主创新

在生活中，很多人缺乏信心，就在于他们没有一技之长，或者当困难来临的时候，不知何去何从。其实，解决这种困境的方法很多，比如勤奋，比如敬业，但不可忽略的是，创新也是重要方法之一。创新可以让我们的工作进入一个崭新的领域，带来效率或质量上的飞跃提升，从而提升自己和企业的竞争力，只有竞争力的提升才能带给我们真正的自信。

对于大多数人来说，创新或许还是一件极为陌生，甚至带有几分神秘色彩的事情，似乎是少数天才的专利。但你别忘了，人人都有创新的潜能，处处都有创新的机会，只要我们留心生活，从工作中的点滴改进做起。只要有信心，我们哪怕是在最不起眼的地方也能发挥创新精神。

亨利·兰德平日非常喜欢为女儿拍照，而每一次女儿都想立刻得到父亲为她拍摄的照片。有一次他告诉女儿，照片必须全部拍完，等底片卷回，从照相机里拿出来后，再送到暗房用特殊的药水显影。而且，在副片完成之后，还要照射强光使之映在别的相纸上面，同时必须用药水处理，一张照片才算完成。

他向女儿做说明的同时，内心却问自己："等等，难道没有可能制造出'同时显影'的照相机吗？"对摄影稍有常识的人，在听了他的想法后都异口同声地说："哪有可能？"他们列举出一打以上的理由说："简直是一个异想天开的梦。"但兰德并没

有因此而退缩，而是充满信心地进行尝试。最后，他终于不畏艰难地完成了“拍立得相机”。这种相机的功能完全符合女儿的希望，因而，兰德企业就此诞生了。

学习科学发展史，我们会惊奇地发现，许多发明的创意就是在这种“不经意”之间诞生的，而不像有些人所想象的要学过很多专业知识、背下许多数学公式，然后坐在实验室里琢磨上好几个月。其实，创新是一种品质，一种别具一格的能力。只要你愿意做个生活的有心人，在工作中注意观察、勤于思考，那你一定可以想出很多好点子。能否创新，往往取决于你自己是否用心。

在诺基亚公司手机研发部工作的詹森这几天一直闷闷不乐，同事见他一副眉头紧锁的样子，就开玩笑道：“詹森先生哪儿都好，就是太不知足了。你也不想想，研发部只要完成了公司下达的研发任务，薪水就能比生产和销售部拿得多，该高兴才是啊！”

另一个同事也嘻嘻哈哈地接口道：“这次的任务只是改进一下机型，这么简单的任务哪能难住我们的天才詹森先生啊？”

詹森说：“我不是为了薪水想不开，也不是为了公司派给的任务，我是在想，我们整天坐在研究室里，除了完成上面派给的任务，改进一下机型，就什么事也不做了。现在手机市场竞争这么激烈，我们能不能主动做一些工作，给公司拿出些新颖的创意？”

同事无奈地说：“詹森，别痴人说梦了！现在诺基亚手机已经是世界著名品牌了，不管是技术性能，还是外观形象，都早已深入人心，还上哪里去找创意？”

尽管同事们说得有些道理，但詹森还是暗下决心：我一定要在完成公司任务的基础上，主动而努力地工作，让诺基亚在自己的辛勤工作中有一个质的飞跃！可是这样的突破要从何处着手呢？

有了这个目标和想法以后，詹森寝食难安，每日除了完成公司下达的任务，满脑子都在考虑如何让诺基亚更符合消费者的需求，直到有一天他从生活当中找到了答案。

这天，他搭乘地铁时忽然从平常的生活场景中得到了启发：很多时尚男女都佩戴着手机、一次性相机和袖珍耳机。他想道：能不能把这三种最时髦的东西组合在一起呢？果真如此的话，不是变得既轻便又快捷吗？

第二天，詹森马上找到主管，对他说："如果我们在手机上装一个摄像头，让人们在听音乐的同时，把见到的美好事物都拍摄下来，再发送给亲友，该是多么激动人心的事啊！"

主管听到他的创意后，惊喜得高声叫道："好样的！詹森，我们马上就按你的想法着手研制！"

这种具有拍摄和听音乐功能的手机在詹森的带领下，很快研制成功，刚一推向市场，就大受青睐。詹森不但实现了自身的价值，而且还得到了应有的奖赏。更重要的是，在实现目标的过程中，詹森得到了从未有过的快乐！原来，留心观察也能学到这么多东西！

随着市场参与者越来越多，行业同质化的现象越来越严重，这时候，企业要靠什么吸引客户呢？是服务，是质量，而这些改进同样需要一颗留意生活、勇于创新的心。对于员工而言，创新可以让我们的工作不再单调重复，创新可以让我们的竞争力不再一成不变。任何一个小细节、一件小事情都可能点燃你改进工作、提升产品与服务的创意火花。工作上坚持自主创新，不仅可以让你获得成功，也可以让企业变得更有竞争力。

发扬奥运精神，在工作中变得“更高、更快、更强”

学如逆水行舟，不进则退。工作中也是如此，只有在工作的过程中持续加以改进，员工的进步才是脚踏实地的。有比较才知道差距，有竞争才懂得进步。在工作中，我们需要做的就是像奥运赛场上的运动健儿们一样，在不断的比拼中变得“更高、更快、更强”。

2008年8月，北京，男子体操奥运比赛场馆。

就在李小鹏稳稳落地的一刹那，他自己大吼了一声，他等这一刻等了整整四年。看台上的体操队总教练黄玉斌也激动地叫着并站了起来，高举双臂，伸出大拇指，为自己的爱徒喝彩。

这是李小鹏在北京奥运会夺得双杠冠军后的精彩瞬间，同时这也是他夺得的第16个世界冠军。他成了中国体操史上获得世界冠军最多的人，超过了李宁14枚的纪录。

李小鹏在北京奥运会上不仅超越了前辈李宁，同时也突破了自己，他对记者说：“李宁大哥是我所尊重的英雄，超越他的纪录并不是我最终的目标，我要不断超越自我，因为我坚信‘一切皆有可能’！”

作为李小鹏的教练，陈雄深知这一切得来不易。“小鹏这四年太不容易了，他能获得这枚金牌是对他不断坚持的褒奖。”回想起这四年来的风风雨雨，陈雄感叹，“大家知道，李小鹏这四年是怎么过来的吗？他一直受着严重伤病的困扰，特别是2007年又受了伤，那一次他能不能挺下来，谁都很担心。但是小鹏挺过来了，从他决定坚持的那一天起，我就觉得，这块金牌应该属于李小鹏。”

在双杠决赛前，中国男子体操队已经获得了团体冠军。陈雄透露李小鹏和他自己的梦想绝不只是那块团体金牌：“团体夺冠那天，小鹏就已经非常高兴了，但是我知道，他还想拿这块双杠金牌。这四年小鹏的双杠都没有输过，所以我对他也充满了信心，这次我们都圆梦了！”

面对拿过14次世界冠军的“体操王子”李宁，谁都会倍感压力，李小鹏也不例外。不过，他并不因此放弃自己的梦想，而是充满信心地朝着更远大的目标进发。他的信心全部化为平日的辛苦训练，不管碰到多大的困难，受到多重的伤，他都咬紧牙关坚持。就在这无数的辛勤汗水中，李小鹏逐渐成长起来，并最终实现了自己的伟大梦想。有梦想，更要有行动，在平常的训练中让自己变得更强，这便是李小鹏的成功经验。

这个道理对企业员工是同样适用的。不管你有多么远大的梦想，多么坚定的决心，都必须像奥运场上的冠军们一样，从细微处做起，从小处学起。“不积跬步，无以至千里；不积小流 无以成江海。”正是有了工作中不断成长的积累，员工才能真正变得强大、成熟和睿智。因此，想要保持良好的学习状态与进步速度，每个人都要满怀信心与梦想他投入工作当中，像奥运选手一样不断激励自己、提升自己。

有一家汽车修理厂，职工都是从乡村里来的小伙子，平常大家工作之余就在一起喝酒聊天。一天，他们当中来了一个“傻子”，他并不是真的傻子，只是有些与众不同，他除了完成分内的工作以外，还总是泡在几辆教练车里，东拆拆西动动，而大家出去玩乐的时候他却无动于衷。

“干什么啊？兄弟，难道你想自己开公司造这玩意儿？”一个伙计劝他说。

“傻子”只是笑笑，并不说什么。没两个月，“傻子”已经学完了关于汽车维修的所有知识，被提升为经理，薪水是那些“聪明”的小伙子的几倍。

“傻子”并没有满足，而是继续学习汽车制造的其他知识，并自学外语，每个月还自费去总部参加培训。

又过了半年，“傻子”成了总公司家用汽车生产设计部门的主管。两年以后，“傻子”自己的公司上市，并很快取得了巨大的成功，而原来嘲笑他是“傻子”的人还在当辛苦的修理工人。

提升，是一个人最难得的工作优势；工作，又是一名员工最佳的提升场所。如果我们能够不断地把学到的东西应用到工作中，又从工作中学习到更多的知识，那我们的能力便能得到提升，我们的信心也会因此得到巩固。无论是在实践中摸索思考，还是向优秀同事学习，抑或在竞争中向对手看齐，我们都能从这些充满挑战的工作中激发出自己最大的潜能，学习到更多的东西，为我们的信心大厦添砖加瓦。

一只雄鹰能够在天空翱翔，是因为它不畏艰难，学习过很多，也挑战过很多；一名员工能够无往而不胜，也是因为他不骄不躁、不惧险阻，在工作中不断向同事、向竞争对手学习，甚至向自己发起一次又一次的挑战。因此，如果你还有追逐梦想的信心，渴望像奥运冠军一样获得最后的荣光，那你就勇敢地投身于工作当中吧，挑战自我、不断学习、不断进步！

第十章 分享信心，分享成功

信心就好像人脉资源一样，会因为分享而变得更多。“一枝独放不是春，百花齐放春满园。”在一个团队中，一个优秀的员工不仅要自己充满信心，还要懂得与其他成员一起分享信心，这样大家才能够齐心协力走向成功。

在工作中，我们要相信企业、相信团队、相信同事、相信客户……让信心在我们之间传递，凝聚成功的力量。

相信企业：对企业始终如一

树种只有埋在土壤里才能得以生长，员工只有立足于企业这个平台，才能施展自己的才能与抱负。企业为我们提供了生存发展的物质条件，以及可以让我们充分展现自身人生价值的平台，让我们的生活变得丰富多彩，在我们的现实与理想之间架起一座桥梁。我们唯有相信企业，忠于企业，才能达到双赢。

沃尔玛是全美投资回报率较高的企业之一，其投资回报率为46%，即使在1991年经济不景气时期也高达32%。它的历史远没有美国零售业百年老店“西尔斯”那么久远。但在短短的四十几年时间里，它就发展壮大，成为全美乃至全世界最大的零售企业。当前，沃尔玛的经营哲学、管理技能已经成为全世界管理学界的热门话题，当然这也包括其成功的人力资源管理。

在沃尔玛，员工有一个著名的称谓——“合伙人”。一方面，沃尔玛把公司领导称为公仆，而另一方面又把员工称为合伙人，这与许多企业强调管理者的领导地位迥然不同。

为什么会这样呢？这是因为，沃尔玛非常看重员工的责任感和忠诚度，所以，公司以其对员工平等相待的态度来赢得员工对企业的忠诚。沃尔玛员工的工资在同行业中不是最高的，但是员工非常忠实于企业，他们以在沃尔玛工作为快乐，把沃尔玛公司当做自己的家，因为他们在沃尔玛是合伙人。

在沃尔玛总部，一位女士因加入了公司的“利润分享计划”而感到由衷的庆幸，她名叫玛丽，是一名普通的采购员。玛丽很年轻的时候就进入沃尔玛工作，是沃尔玛的老员工。一开始，她的哥哥试图说服她辞去工作，他认为玛丽在沃尔玛以外的任何公司工作工资都会比这里高。然而，玛丽留了下来，并成了公司“利润分享计划”中的一员。到了1991年，她的利润分享为228万美元，而她的职位也从原来的普通员工晋升为经理。玛丽很庆幸坚持了自己的意见，没有听哥哥的话，也很高兴自己能对沃尔玛忠心耿耿、尽职尽责。现在她不仅可以拿所挣的钱供她的宝贝女儿上大学，还在沃尔玛公司这个舞台上实现了她的人生目标。

不管企业遇到什么样的情况，我们都应该相信企业、忠于企业，做个有职业操守的人。莎士比亚说：“忠诚你的所爱，你就会得到忠诚的爱。”我们只有对企业做到始终如一，企业才能平稳发展，进而为我们提供更广阔的成长平台。

乔治是美国得州仪器公司的明星员工，在他眼里，得州仪器公司就好像是自己开办的一样，而不仅仅是一个获取报酬的地方。

每天早上，乔治吃过早餐，和妻子道别之后，就会精神十足地开着车去公司上班。同事们都会看到乔治神采奕奕地展开各项工作，无论多难的任务他都不退缩，无论做多少事情他也不喊累，而且他做任何一项工作都要求精益求精。同事们都对乔治充沛的精力由衷地钦佩，同时也感到不可思议，因为工作一天下来，大家都觉得累极了，乔治不仅不感到累，而且似乎工作得意犹未尽。

更令同事们感到不可思议的是，乔治还常常很积极地加

班，而且主动申请做那些没人愿意做的棘手工作。当公司出现危机时，他不像其他同事那样急着另谋生路，而是像公司总裁一样急着寻找走出危机的方法……

“乔治好像把公司当成了自己开的，或者他是一个天生的工作狂，否则的话，他怎么会如此热爱工作，如此为公司的事情大伤脑筋？”公司中的同事们都这样评论乔治。那么公司是如何看待乔治的呢？让我们听听在某年的员工大会上，公司总裁的一段讲话吧：

“公司今年的‘超级明星员工’仍然是乔治。乔治先生已经连续5年获得了此项殊荣，他的家庭应该为有他这样的成员而感到骄傲，他的朋友也应该为有他这样的朋友而感到自豪，公司中的所有员工也应该为有他这样的伙伴而受到激励，公司更为有这样的员工而倍感荣幸。另外，公司的发展也正是在像乔治一样忠诚和优秀的广大员工的共同努力下实现的。在此，我感谢乔治，感谢像他一样为推动公司成长付出切实努力的员工。”

乔治更是以自己在公司一步一个脚印的成长经历验证了公司总裁对他的高度评价：他现在是公司的执行副总裁之一，而且是公司最值得信任的副总裁之一，而他刚进入公司的时候只不过是一个普通的销售助理。

有人问乔治为什么会做得这么优秀，为什么工作起来不知疲倦，为什么要为公司付出这么多精力时，乔治回答：“这很简单，因为我的事业和公司的事业是绑在一起的，因此我认为从某种程度上说，公司就是我的合伙人，我们必须朝着同一个方向共同努力。如果我努力了、进步了，那么公司的事业就会得到发展；同样，公司的持续发展又为我个人的进步提供了优越的条件。所以我认为，我为公司付出多少精力都是值得的，也都是应该的。”

在工作中，我们也应当如此，相信企业，依靠企业，与企业一起成长。无论是风平浪静，还是危机四伏，我们都应该与企业同舟共济，共渡难关。唯有在企业这片肥沃的土壤上，我们才能培植出成功之树！

相信团队：用信心传递成功的力量

互信才能合作，分享才能共赢。任何成功都是建立在互信合作的基础上，任何成功都是团队智慧的结晶，是共同劳动的结果。为了打造优质团队，为了成就常青企业，我们必须学会信任和分享。我们要相信团队，是它帮助我们克服了一个个难题；我们要感谢团队，是它给我们提供了一个像家一般温暖的工作平台；我们还应该帮助团队，用信心传递成功的力量。

迈克尔·乔丹在结束自己的篮球生涯时说："在别人看来，我站在篮球世界的顶端，每当听到这样的赞美，我都感到惶恐。我所取得的任何成绩都是和队友们以及教练一起努力的结果，还有赞助商和每一个支持鼓励我们的球迷，荣誉属于你们每一个人，我只是幸运地作为代表，一次次地领取奖杯。"

乔丹在每一场比赛中都和队友团结一致，去争取胜利，取胜之后他总是和队友和教练拥抱，和大家一起分享。正是乔丹这种分享精神，皮蓬等一大批NBA巨星才甘于做配角，紧紧地团结在乔丹周围，为公牛队夺取了一个又一个冠军；而乔丹则毫无争议地成为公牛队的进攻核心和精神领袖。

没有完美的个人，只有完美的团队。在团体当中，我们所取得的一切

成就都离不开团队的点滴支持。作为团队成员，我们必须互相信任，彼此鼓励，团结协作。我们要时刻牢记自己是团队的一员，时刻牢记自己所从事的工作关系到团队目标能否实现，关系到其他成员的事业能否成功。

因此，我们要在工作中学会互相帮助，彼此分享，这是一种聪明的生存之道。当我们互相信赖、摒弃自私的时候，从某种程度上就是通过帮助别人来帮助自己。因为，在这个崇尚合作的社会里，没有一个人能担当全部，一个人的价值往往就体现在与别人的互助合作上。

当然，我们应对这种信任与分享做广义的理解，它不仅包括对个人品质的信任，而且包括对专业能力的信任；不仅包括对分工的合作，还包括信息、情感等方面的分享。

在一个企业中，随着知识型员工的增加，每个成员的专长可能都不一样，每个人都可能是某个领域的专家，所以，任何成员都不能自恃过高，都应该保持足够的谦虚，并时常检查自己的缺点，不断完善自我。一个狂妄自大的员工很难获得他人的认可，难以融入团队中。诚信、负责、谦虚的个人品质或许足以赢得他人对你人品的信任，但不一定能获得他人对你工作能力的信任。要获得他人对你工作能力的信任，还必须具备优秀的专业技能，故团队成员除了应修身养性外，还必须不断学习，提高工作技能，以便更好、更快地实现团队目标。

信任是相互的，对于企业中的每个人来说，在赢得他人信任的同时也要信任他人。每个人都应具备豁达的胸襟，充分信任他人，认可他人的个人品质及专业素养。或许你认为他人在某些方面不如你，但你更应该看到他人的强项和优点。每个人都有被别人重视的需要，特别是那些具有创造性思维的知识型员工更是如此。有时一句鼓励和赞许的话就可以使他释放出无限的工作热情。

除了要信任别人之外，身为组织的一员，你还应当养成与别人互惠互助，一起分享胜利果实的好习惯，只有这样，才能够形成通力合作的组织氛围。

相信老板：他们是你成长的导师

许多人认为，员工和老板是一对冤家。人们最常听到的是相互间的抱怨，即使偶尔彼此关心一下，也让人觉得有点假惺惺的。人们常呼吁老板要多为员工着想，是出于有利于企业发展的愿望来考虑的，而员工似乎就很少有理由要为老板着想了。但究其根本，老板和员工只不过是两种不同的社会角色，只是社会分工不同而已，这两种角色实际上是一种互惠共生的关系。

对老板而言，公司的生存和发展需要员工的忠诚与敬业；对员工来说，他们需要的是丰厚的物质报酬和精神上的成就感。从互惠共生的角度来看，两者是和谐统一的。因此，老板和员工应该对彼此都有信心，相信只有合作才能实现双赢。作为一名优秀的职场中人，你更应该明白，老板是你成长的最好导师。相信老板，能够让你进步得更快！

在IBM的最初岁月，吴士宏做的是最基层办事员的工作，具体内容就是行政勤务，俗称公司打杂的。面对这些烦琐、单调的工作，她总是尽力做得很好。“一个月跑下来，腿都肿了。”这就是为要做得最好所付出的代价。

但吴士宏从未抱怨，她觉得只要自己坚持做好手头的工作，上级一定会给她更多的锻炼机会，直至为她提供新的奋斗平台。果然如吴士宏所料，上级开始注意到她的辛勤与敬业，进而发现她的才华，开始慢慢交给她一些更有挑战性的任务。最后，吴士宏得到了一项重要的任务，负责IBM中国公司华南地区的全

部销售工作！

吴士宏说她之所以被重用，不仅仅是因为自己表现出了卓越的能力，更重要的是有了直接上司的推荐。她相信，在IBM这样一家重视人才的大公司里，一定会有不拘一格降人才的风气，而好经理的一条共同标准就是发现和培养下属，重用有发展前途的员工，推荐他们到更能发挥他们作用的合适岗位上。所以，她只要坚持不懈，一定会有出头之日。

吴士宏说："我从每个经理身上都学到了很多的东西，同时又把这套培养的方法像接力似的一茬一茬地传下去，IBM就是这样成长为蓝色巨人的。如果没有我的经理发现我、培养我，甚至包括个别的上司嫉妒我（这从另外一个方面鞭策我一定要做得更好），我的提高和提升是不可能如此快的。"

从一个名不见经传的医院小护士成长为跨国企业的著名职业经理人，吴士宏成长的经历告诉我们，不要小瞧自己，更不要丧失了对老板的信心。要知道，一家好的企业之所以能够做大做强，就在于它拥有完善的人才培养和选拔机制，而包括老板在内的各种管理人员就是这种机制的执行者和维护者。因此，只要你沉心静气，扎实工作，尤其是懂得向老板学习，那你一定可以不断地成长，并最终成为优秀的员工！

杭州奥普电器有限公司的董事长方杰当初就是一个善于向老板学习的人。早在澳大利亚留学的时候，方杰就有意识地到澳大利亚最大的灯具公司LIGHTUP公司打工。当时他还不懂商业谈判，他知道自己的缺陷，很希望学会谈判的本领。他知道他的老板是一个谈判高手。

每当有机会与老板一起进行商业谈判的时候，方杰总是在口袋里偷偷揣一个微型录音机。他将老板与对方的谈判内容一句向地录了下来，然后再回家听，揣摩、学习，仔细听老板是怎样分析问题的，对方是怎样提问，老板又是怎样回答的。

方杰就这样向老板学习，几年以后成了一个商业谈判高手。最后老板退休了，他接替了老板。到了1996年，方杰差不多已经成了澳大利亚身价第一的职业经理人。后来，他回国自己创业，奥普浴霸就是在这样的基础上做成的。方杰并不是一个天生的生意人，他的成功，就是虚心向老板学习的结果！

每个人都会有自己崇拜的对象，我们崇拜和学习那些离我们遥远的伟人，却往往忽略了近在身边的智者。须知，一个好老板会让你受益无穷。除了我们的家人之外，老板是与我们接触最多的人，也是我们每天都面对的比我们优秀的人。因此，为了取得事业上的成功，我们需要改变对老板的看法，把老板当成成功路上的良师益友，而不是我们的“对头”。

相信同事：大家是永远的“战友”

无论我们身处企业的哪个部门，如果没有其他同事的工作，以及本部门同事的配合，只有我们一个人单兵奋战，我们是无法实现自己的价值的。可以说，同事就是我们的好搭档、好战友，是大家事业上必不可少的同伴。在工作中，我们要相信同事，互相帮助；在危机面前，我们不仅自己要有信心，还要让别人也有信心，共同克服困难。在通往成功的路上，同事永远是我们的“战友”。

远古的时候，上帝创造人类。随着人类的增多，上帝开始

担忧，他怕人类的不团结会造成世界大乱，从而影响他们稳定的生活。

为了检验人类之间是否具备团结协作、互帮互助的意识，上帝做了一个试验：他把人类分为两批，在每批人的面前都放了一大堆可口的食物，但是，却给每个人发了一双细长的筷子，要求他们在规定的时间内把桌上的食物全部吃完，不许有任何的浪费。

比赛开始了，第一批人只顾拼命地用筷子夹取食物往自己的嘴里送，但因筷子太长，总是无法够到自己的嘴，而且因为你争我抢，造成了食物的极大浪费。上帝看到此，摇了摇头，感到很失望。

轮到第二批人了，他们一上来并没有急着用筷子往自己的嘴里送食物，而是大家一起围坐成一个圆圈，先用自己的筷子夹取食物送到坐在自己对面的人嘴里，然后，再由坐在自己对面的人用筷子夹取食物送到自己的嘴里。就这样，每个人都在规定的时间内吃完了食物，并且没有造成浪费。

第二批人不仅享受了美味，还建立了彼此之间的信任和好感。上帝看了，点了点头，为此感到欣慰。

但世界总是不完美的，于是，上帝在第一批人的背后贴上五个字：利己不利人；在第二批人的背后也贴上五个字：利人又利己！

在每一个快速成长的企业中，领导们都希望自己团队的员工都是那种利人又利己的人，而不是那种利己不利人的人。站在员工的角度来看，道理又何尝不是一样的呢？我们每个人都渴望跟一群既有能力，又懂得分享与帮助的人共事。如果你与同事互帮互助、精诚合作，就犹如顺风航行的船，风力可助你劈波斩浪，全速前进。

美国联合保险公司业务部有个人叫艾尔·艾伦，他一心想成为像同事莱特那样的王牌推销员。起初他业绩平平，每当看到自己的同事做出成绩赢得公司的夸奖时，他非常羡慕，也渴望像他们一样——让别人跷起大拇指夸奖自己。

在一个寒风刺骨的冬天，艾尔在威斯康星市区里冒着严寒出去拉保险，结果一个客户也没有拉到。他非常懊恼，垂头丧气地回到了公司。

当他回到公司的时候，他大吃一惊，原来他的同事莱特正在等他。莱特热切的脸和温暖的手，都给了艾尔重新振奋的勇气。

“艾尔，辛苦了！”莱特递给他一杯咖啡，很真诚地说。

“谢谢！”艾尔十分感动。

“我只想告诉你，困难总会过去的，你什么也不要怕，我们会支持你的，我相信你一定会成功。”莱特知道，此时对艾尔来说，最大的支持莫过于一句真诚的鼓励，重新帮他树立起自信心。“是吗？好的，我会的，我会成功的！”艾尔郑重地承诺。

第二天，从公司出发前，艾尔信心百倍地对莱特说：“等着看好了！今天我要再去拜访那些客户，并且卖出和你们一样多的保险。”

艾尔办到了。他回到威斯康星市区里再度拜访他前一天拜访过的人，结果他一共卖出将近70份保险。后来他果真成了“王牌推销员”。

一名企业里的优秀员工，肯定会主动帮助同事走出困境，让他们尽快成长为公司的骨干。因为这样，大家才能配合一致，使公司加速向前发展。所以，在工作中，不要对同事在工作中所处的困境采取漠视的态度。

相信客户：没有永远的利益，只有永远的信任

2006年底，在庆祝一汽丰田成立三周年的活动上，一汽丰田常务副总经理王法长特别以“感恩”一词来表达对新老客户的答谢，他说：“我们的工资不是老板给的，而是用户给的。所以，每一位一汽丰田的员工，都应该向用户报以最真诚的感恩。”正所谓客户是衣食父母，消费者是我们的上帝，我们不仅要对他们心存感恩，更重要的是，我们要学会珍惜客户、相信客户。

客户之所以愿意购买我们的产品，或者到我们这里消费，就是对我们有着充分的信任。不管客户提出什么意见，都是对我们改进服务有益的观点，我们都要懂得从善如流。在我们与客户之间，没有永远的利益，只有永远的信任。如果我们能够竭尽全力，把事情做到完美，让客户满意，那么我们就会赢得客户的信任，进而让他们成为我们的忠实客户，甚至是最好的品牌宣传员。

乔治在纽约郊外著名的卡瑞月湖度假村工作。

一个周末，乔治正在忙时，服务生端着一个盘子走进厨房对他说，有位客人点了这道“油炸马铃薯”，他抱怨切得太厚。

乔治看了一下盘子，跟以往的油炸马铃薯并没有什么不同，但仍按客人的要求将马铃薯切薄些，重做了一份请服务生送去。

几分钟后，服务生端着盘子气呼呼地走回厨房，对乔治说：“我想那位挑剔的客人一定是生意上遭遇困难，然后将气借着马铃薯发泄在我身上，他对我发了顿牢骚，还是嫌切得太厚。”

乔治也很生气，从没见过这样的客人！但他还是忍住脾气，静下心来，耐着性子将马铃薯切成更薄的片，之后放入油锅中炸成诱人的金黄色，捞起放入盘子后，又在上面洒了些盐，然后第三次请服务生送过去。

没多久，服务生仍是端着盘子走进厨房，但这回盘子里空无一物。服务生对乔治说：“客人满意极了。餐厅的其他客人也都赞不绝口，他们要再来几份。”

这道油炸马铃薯从此成了乔治的招牌菜，并发展成各种口味，今天已经是地球上不分地域、人种都喜爱的休闲零食。

乔治的成功，关键在于他在面对客户的批评时，不是满腹牢骚，抱怨客户，而是相信客户。在他看来，客户来此消费，就是对自己的极大信任，哪怕是抱怨，也是为了让自己的服务变得更好。有此思想做基础，他才能忍住怨气做好自己的工作，让顾客满意。一次又一次地改进，不仅满足了顾客，同时也成就了乔治的事业。因此，我们要认真听取客户的每一个建议，因为这也是信任的一种方式。

李均是从最底层的保险经纪人岗位做起的。保险经纪人的收入特点决定了只有靠多发展客户，靠业绩的提高才能使收入提高。发展客户并不是一件容易的事情。

李均对客户有一个独到的定位，那就是收入稳定、文化层次较高的人群。这样的潜在客户群不仅有购买保险的能力，也更有保险意识。他通过交友网站和论坛结识这样的人群，并且凭借着个人魅力和他们成为朋友，发展起了自己最早的一批客户群。介绍保险方案的时候，他都是根据客户的特点为客户推荐最适合

他们的保险产品。这使李均赢得了越来越多的客户，业绩不断上升，获得的收入也不断增加。李均很快就超越了一起入行的同事，从基层的保险经纪人升到了业务经理的位置。

这时候，李均把眼光由发展个人客户转向了团体保险。争取团体保险客户，可以获得更高的回报，但也具有更大的难度。李均从最早结识的客户群着手，他们不仅拥有较高的收入和文化水平，也拥有一定的社会地位，最难能可贵的就是他们对李均建立起的信任感。李均开始了“布网式”的拓展工作，老客户们为他提供的一些机会让他受益匪浅，他所提供的细致、认真、周到的服务也为他成功地实现了客户的保有和扩大，李均的年薪也随之很快跨入了20万的行列。

李均的成功主要在于他不但懂得如何去“找客户”，更懂得如何“养客户”(即通过老客户发展新客户)。事实证明，由老客户推荐的交易成功率大约是60%，远远大于销售人员自己上门推销的成功率。可见，被推荐的客户对于销售人员来说是多么有价值。

现在，人们越来越意识到客户的重要性，很多企业甚至提出了这样的口号：客户永远是对的，满足客户要求是我们的职责。当今社会，企业间的竞争异常激烈，客户选择我们本身就是一种信任。如果你对客户百般挑剔，那么就可能错失许多商机，这样就会导致企业的效益下降，甚至拖垮企业。因此，要想立足于现代企业之林，我们应该感谢客户对我们的信任，以及提供给我们的机会，同时对客户负责到底。

相信朋友：人脉是事业的靠山

“一个人的成功，15%取决于专业本领，85%取决于人际关系与处世技巧。”美国著名教育家卡耐基如是说。在联系日益紧密的现代社会，专业本领能给你带来机会，交际本领却能引领你进入一个全新的领域。这种优势不仅体现在找工作的时候，更能在你的事业陷入困境的时候发挥巨大的作用。对员工而言，想要克服工作中的困难，顺利地渡过难关，就得学会相信朋友，充分利用各方优势。要知道，“在家靠父母，出门靠朋友”，在事业的发展进程中，人脉是我们不倒的靠山。

一天，有两位朋友在沙漠中迷失了方向，面临死亡。这时天神出现了：“我的孩子，前面一棵树上有两个果子，吃下大的那个，就能抵抗死亡，走出沙漠，而小的那个只能令你苟延残喘，最终还会极痛苦地死去。”

两个朋友向前走了一段路，果然发现了一棵树，也发现了树上的两个果子。可是，他们谁也不去碰那个会给一个人带来生命之光的果子。夜深了，两个好朋友深情地凝望着对方，他们认为，这是他们的最后一晚。

当太阳从沙漠的一端再次升起的时候，其中一个人醒过来，他发现，朋友走了，而树上只剩下了一个干干巴巴的小果子。他失望了，不是因为死亡，而是因为朋友的背叛。他悲愤地吃下了这个果子，继续向前方走去。大约走了半个多小时，他看见倒在地上的朋友，朋友已经停止了呼吸，他的手里紧紧握着一个更小的果子。

把生的希望留给朋友，把死的恐惧留给自己，我们不能单单只用“伟大”这两个字来表达内心的感受。为了使朋友的生命得到延续，不惜牺牲自己，这种友情已经达到了一种极致。因此，我们要珍惜友情、相信朋友。朋友，是我们事业路上的老师与助手，是我们闯过难关的精神支柱，更是我们度过这个经济寒冬的“温暖棉袄”。只要有朋友，再大的困难也能够克服，因为朋友永远是我们事业的靠山。

许飞是普尼科投资顾问有限公司的总经理，他的成功就离不开中国区副总裁董功文的帮助。当许飞刚刚起步创业的时候，是董功文为许飞筹集了大笔资金，使许飞的事业有了雄厚的资本作后盾。不仅如此，董功文还给许飞提了许多宝贵的建议，避免他走弯路。

其实，人和人之间的相识是不能强求得失的，大多都是偶然的缔造，许飞与董功文的相识，便属巧合。许飞在北京租的房子恰巧是董功文的，而董功文的太太又正好是许飞的老乡，一来二往，他们就熟识了。两个人都很健谈，话题从人生到事业，总有相见恨晚的感觉，常常一聊就是几个小时。许飞把董功文当做事业上的贵人，他什么事都愿意与其畅谈，不经意间把自己对未来事业的打算告诉了董功文。“也许是从那个时候，他觉得我是一个有梦想，也能做事情的人吧。”许飞说，这可能就是董功文后来愿意帮助他的原因之一。

在其他人看来，这种组合有些不可思议。一个是高级投资经理人，几乎站在金融行业的最高端，地位和经济实力自不用说，而一个却只是“毛孩子”，也没有任何的背景。“或许他多年从事投资银行的经历赋予了他独到的眼光，令他发现其中的巨大商机”，连许飞也觉得不可思议。

随着彼此的深交，许飞越来越离不开董功文，董功文好比他事业平衡的支点，不仅是他真诚的合作人，更是他人生目标、人生价值实现的开导者。“他给我最大的启发是，做任何事情一定要专注。”一次，忙碌的董功文把徐飞叫到下榻的饭店，告诉他自己2005年的计划是做好7件事。“其实他的第7条计划写的是‘如果有时间，关注以上六件事’，说起来真正的计划只有6条。对于他这样身处高位的人，每天在天上飞来飞去，公务永远处理不完，居然能列出这样简单的计划，一年就专注做好6件事，我觉得不可思议。”

创造成功的过程其实也是舍与得交错的过程，“鱼与熊掌不能兼得”，做好该做的事，不要让自己有所遗憾就是最大的成功。这是董功文希望许飞能明白而且能身体力行的道理。“今年以来我照他的样子也给自己定了6条计划，他所说的话对我未来的处世方式有非常直接的影响。”许飞说这种指引对他而言可能比提供资金更重要，因为眼界决定了格局。

许飞的事业规模越来越大，而且他眼光独到，看准了银行界高层，把他们作为“猎物”。

许飞现在公司的主要业务以金融系统的培训为主，他所做的事情有两个重点，第一是找合适的人来教课，第二是吸引目标群体来上课。有别于一般的培训，他的学员大都是名人，昂贵的学费对他们来说不在话下，有这样的目标群体，还怕资金短缺？而邀请来授课的也都是响当当的人物，不是随便请得动的。现在已经在这个圈子里纵横捭阖的许飞回忆起最初的艰难时光，第一个想到的就是某银行北京分行经理徐健。徐健的另一个身份是某著名大学MBA联合会秘书长。因为许飞当时对运营MBA课程项目很感兴趣，所以主动向徐健请教。两人相谈甚欢，没多久就称兄道弟了，这也是种缘分啊！“我那时候还经常住在他家里，我们两个常常聊到深夜。”聊天的内容天

马行空，但万变不离其宗，核心问题还是关于银行业务的。

“虽然徐健的职位不算很高，但是他几乎在银行的每个部门都做过，对银行内部的业务问题有很深刻和独到的看法。”许飞说。徐健从来不对许飞设无形的墙，他总是力所能及地把自己能帮许飞的事情做好，毫无保留地真诚帮助许飞。

“因为一直在银行工作，徐健自己在银行界有很多人脉关系，而且作为MBA联合会秘书长，他在MBA的圈子里也有很广泛的网络。我最初认识的银行界朋友很多是由他介绍认识的。”徐健为许飞架起人脉的桥梁提供了材料。门户打开后，天地顿宽，之后许飞的人脉雪球越滚越大，关系网也迅速膨胀，事业飞黄腾达。

“朋友一生一起走，那些日子不再有……”周华健的《朋友》也许最能代表许多人的心声！朋友也许只是我们生命中的一部分，但他带给我们的将是永恒。朋友就像是一座巍峨的山峰，为我们挡风遮雨，为我们提供避难所，让我们不至于被困难轻易击倒，让我们有重新站立起来的机会与勇气。这就是朋友，永远值得我们感念的人！

附：自我暗示成功心法

在全书的最后，想向大家介绍的是一种最为常用，也最为有效的增强信心的方法：自我暗示的成功心法。其实，信心就是心理暗示的一种，会对你的潜能发出积极的信号，让它们“苏醒”过来，帮助你找到解决问题的办法。因此，想要成功的你，不妨每天在心中念诵自励的暗示宣言，并牢记成功心法：你要有强烈的成功欲望、无坚不摧的自信心。如果你按照所教导的步骤，使精神与行动一致的话，一种神奇的精神力量会替你打开走向成功的大门。

当然，你最好要有一个计划书。这计划将指导你如何有序地走向成功，而且有利于随时改正偏离目标的言行。因此，通过自我暗示法增强信心的第一步便是：

写下你的奋斗目标

写下你自己的精神标语，以便达到你的目标，如“我现在感到快乐”，而不是“快乐的时光即将到来了”。你一定要将精神标语白纸黑字写下来，因为在书写的过程中，一个人会调动视觉、触觉等多方面的感观，让这个目标在你的头脑中变得更加清晰。此外，书写的过程较之单纯的思考要来得复杂，也显得更加正式，容易引起人们内心深处的重视，还容易让本来相对模糊的环节变得更加清晰。

写完目标之后，你所要做的就是：

念诵精神标语

其实，这同写下奋斗目标一样，是个很重要的自律方式，有利于强化你的意念。念诵过程最好选择潜意识活动比较弱的时间，因为这时候你最容易把信号传递给它——每天刚醒来和临睡之前是最佳的两个时间段。潜意识是一种不受自我意识控制的活动，因此，哪怕你只是机械地自我暗示，也会起到一定的作用。当然，越是感情投入地念，越是能调动形象思维去想象成功之后的场景，效果将越显著。

使用积极和正面的言辞

在我们的潜意识中，积极的信念会比消极的自我暗示更容易产生影响力。譬如，如果你说“我不会害怕……”，这时候，消极的陈述很难完全改变潜意识里的想法——你可能还是觉得有点恐惧。这就像做选择题时老师如果反复强调不要选错误的选项，学生最后反而可能记住了错误选项，却忘了正确的选择。因此，在使用精神标语以及进行其他环节时，你都要注意避免类似现象的发生，尽量使用一些带有积极效用的言辞，比如：“我充满自信！”

学会放松身心

在进入下一个环节之前，你要学会放松自己的身心，因为放松的状态更有利于你想象和接收有利的信息。关于放松身心这一环节，你不妨先找个让自己舒服的地方坐下，然后深呼吸几次，慢慢地放松身体的肌肉，接着开始暗示自己进入一个令人愉快的场景，比如你可以对自己说："做深呼吸，闭起眼睛，同时放松肌肉。我现在就在非洲的森林里，附近有绿油油的草原，还有悠闲自在的大象……"

的确，这些暗示，会使人联想到非洲森林的一些景象。这时候，你的身心就会由放松的状态慢慢过渡到快乐的状态。而这就是植入成功者形象、增强个人信心最重要的时候了。

调动积极有利的因素

这时候，你便可以开始罗列你走向奋斗目标的有利因素：物质层面的，人际关系的，职业技能的……同时，你要开始把自己想象成一个具有强大力量的人。拿破仑·希尔说过："抱着微小希望，只能产生微小的结果，这就是人生。"因此，你要学会调动一切有利因素，像挖深埋地底的宝藏一样，把有利于自己取得成功的因素全部发掘出来。把这些全部发掘出来之后，你所要做的就是：

铸造你的心智模式

这时候，你可以开始构想自己走向成功的过程。千万不要低估自己，要相信自己的潜在力量。一位名人曾说："任何人都可以爬升到自己理想的天国，同时，当他选择要爬上去时，世界的力量就会帮助他，一直把他推上去。"因此，当你调动全部的有利因素之后，你大可尽量大胆地构想

成功的模式，使之成为你心智模式的一部分。

事实证明，那些敢想的人才有勇气在生活中实践自己的梦想，并最终取得成功。在围棋界非常活跃的林海峰和赵治勋，小时候都去日本学习过围棋。他们有个共同的特点，就是在学习的过程中抱有很强烈的成功欲望，而且毫不掩饰，有着一副“我一定要获胜给你看”的气势。结果，他们都取得了成功。而著名的考古学家休利曼也是按照小时候的祈愿而度过一生的人。他9岁的时候听到有关特洛伊战争的神话，决心去挖掘它的遗迹。然而，他一生坎坷，实现少年时代的梦想谈何容易？但是他从不放弃自己的梦想。在他下定决心40年后，他终于挖掘出特洛伊的遗迹，这是许多考古学家都无法做到的。因此，在你铸造自己的心智模式时，千万不要胆小。如果你连想象都不敢，那么又何谈在生活当中去实践它呢？

铸造完成功模式之后，你就可以开始：

构想成功后的自我

可以说，伟大的人生始自你心里的想象，即你希望做什么事，通常你就会变成什么人。因此，在内心深处，你应该稳定地放置一幅自己的画像，然后向前移动并与之吻合。相反，如果你替自己画一幅失败的画像，那你永远难以取得成功。

做完这些活动之后，你再深呼吸几次，然后开始一天的生活或开始进入睡眠。因为这些场景已经深刻地进入你的潜意识中，会在你失败的时候跳出来，为你扫去悲观的阴霾，会在你碰到困难险阻的时候出现，为你加油打气。整个过程大概需要15～30分钟，具体长短因人而异。需要注意的是，在整个过程中，你需要始终保持放松的状态，最好不要有人打扰，也不要因为想到消极的因素或成功的场景而变得心浮气躁。

只要循序渐进、持之以恒，你就会感觉它就像一幅画一样印在了你的心里，时刻提醒着你不要消极堕落，不可悲观失望，调动着你最有激情的一面，激发出你强大的潜在力量，帮你不断地走向成功。

有句谚语说：“人就是自己心里想象的人物。”所谓想象，就是从潜意识的深处自然涌现出来的东西。它将你的欲望、你的梦想表现在所有的想象中，将那些想象投射到你头脑的“荧屏”上，并最终影响你为人处世的方法。信心同样如此，一个充满信心的人是一个充满干劲、朝气蓬勃的人，一个不畏困难、勇于奋斗的人。因此，无论你是想逃离失败的困境，还是走向成功的彼岸，都需要建立起充足的信心，告诉自己：我就是一个成功者！

后 记

关于信心的话题，随着金融危机的全球化蔓延和温家宝总理的公开倡导，近来被社会各界谈论很多。面对日益加剧的社会经济和就业压力，作为企业一线的经营管理者，我对此感触尤深。其实无论是企业的管理者还是普通员工，现在比任何时候都更需要多一分对自己、对企业、对未来的信心和责任感，勇敢地迎接挑战，携手共度难关。危机总有过去的一天，不变的是人内心的执着和信念。

肖伯纳曾说，有信心的人，可以化渺小为伟大，化平庸为神奇。从2008年到2009年，我们已经历过太多灾难和困难的考验，危机没有让我们屈服和懈怠，反而让我们更添从容前进的信心和决心。相信在党和政府的正确号召和领导下，社会上下齐心，中国企业和百姓一定能成功地将眼前的危机化为动力，推动中国经济建设和人民生活水平再上新台阶！

谨以此书献给那些面对困难、坚守责任、矢志不渝的人们！希望广大读者能从本书中得到一点启发或勇气，更加顽强乐观地去面对人生中可能遇到的各种困难和挑战！

在本书付梓之际，我要向全国人大副委员长、民建中央主席陈昌智先生和中华全国工商业联合会原副主席、著名经济学家保育钧先生致以最诚挚的谢意！感谢他们在百忙之中抽空为本书作序，对本书的出版予以大力支持和热情鼓励！

在此，我还要感谢家人一直以来对我的理解，感谢朋友的支持和老师的指导！尤其要感谢以下朋友：宿春礼、邢群麟、陈赐贵、张保文、陈小婵、张艳芬、杜莉萍、何瑞欣、齐红霞、齐艳杰、李伟军、曾桃园、肖冬梅、李爱莲、张琦、雒逸云等，他们在本书的策划和出版过程中付出了很多努力，本书得以顺利出版，离不开大家的帮助。

本书写作时间略显仓促，难免会有不足之处，还请各位读者批评指正。